文庫ぎんが堂

ゼロからわかる

英雄伝説

古代ギリシャ・ローマ編

かみゆ歴史編集部

はじめに

「古代ギリシャ・ローマ」と聞いて、どんなイメージを抱くだろうか。ソクラテスなど教科書でおなじみの哲学者を思いうかべる人、または漫画『テルマエ・ロマエ』で古代ローマ世界にはじめて触れたという読者も多いだろう。

この時代は、政治・学問・文化のジャンルで優れた英雄が現れ、現在に至るヨーロッパ史のルーツとして語られることも多い。ギリシャ、ローマとも地中海を舞台に発展したことから、「古代地中海世界」と呼ばれることもある。

紀元前2千年頃、ギリシャで文明が起こり、やがて数多の都市国家がうまれた。都市国家同士は同じギリシャ人として協力し異民族の侵略から身を守ったが、統一国家にはならなかった。ところが前4世紀頃、同じギリシャ人が興したマケドニアがギリシャを征服。その後、マケドニア王アレクサンドロス3世が当時最強のペルシャをも破り、その支配域をオリエント一帯にまで広げた。

アレクサンドロス3世死後、その後継者争いが長引き、マケドニアは徐々に衰退。代わって地中海世界に覇を唱えたのがイタリア半島にうまれたローマだ。

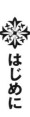

ローマはマケドニアやカルタゴ（北アフリカ）を支配し地中海世界を統一。その後、カエサルが未開の地であった西ヨーロッパに進出したのをはじめ、ローマは多くの異民族国家を征服、ヨーロッパ全土を支配する大帝国となった。しかし肥大化したローマ帝国は異民族の反乱や流入に耐えきれず東西に分裂。紀元5世紀の西ローマ帝国の滅亡をもって、古代地中海世界は終焉を迎える。

本書ではこの古代地中海世界の英雄を時代順に紹介した。まず1章では、古代ギリシャ・ローマの世界観をより詳細に説明しているので、英雄たちが生きた時代背景を知ることができるだろう。2章では、ギリシャ神話の中でも史実をもとに描かれたと考えられるトロイア戦争の英雄を挙げた。3章では古代ギリシャの都市国家とマケドニアの英雄、4章・5章はカエサルやスキピオ、暴君ネロ、五賢帝など、ローマの英雄を前・後半に分けて紹介。6章はギリシャ・ローマの枠組みの外にあり、抵抗を続けた諸民族の英雄を列挙した。

古代地中海世界ほど、名だたる偉人を多く輩出した時代はない。ダイナミズムとロマンにあふれた時代へと、いざ旅に出よう。

かみゆ歴史編集部

ゼロからわかる英雄伝説　古代ギリシャ・ローマ編　目次

3章 古代ギリシャの英雄

4章 王政・共和政ローマの英雄

5章 ローマ帝国の英雄

6章 異民族とローマの終焉

本書の見方

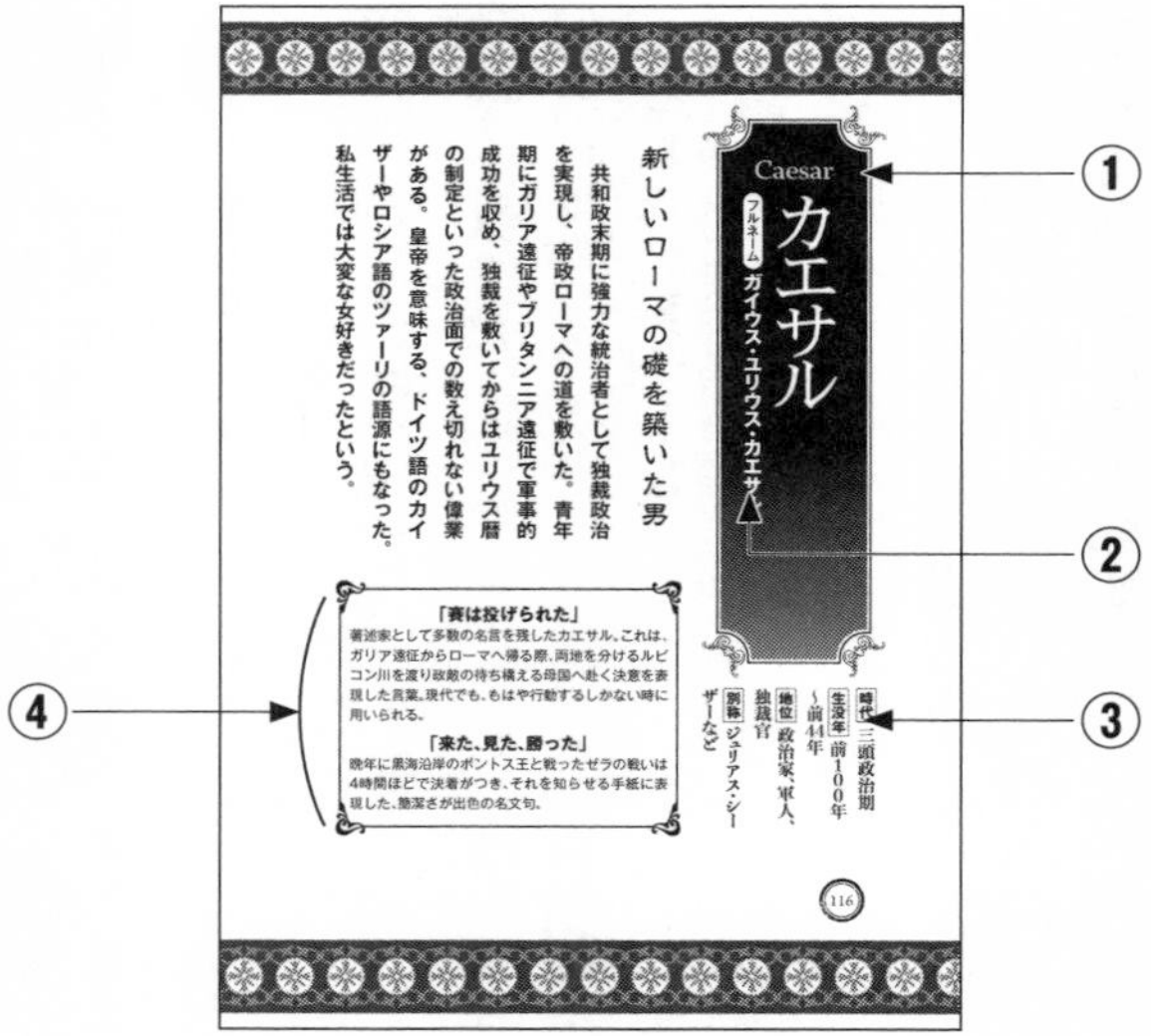

Caesar
カエサル
フルネーム ガイウス・ユリウス・カエサル
時代 三頭政治期
生没年 前100年～前44年
地位 政治家、軍人、独裁官
別称 ジュリアス・シーザーなど
新しいローマの礎を築いた男
共和政末期に強力な統治者として独裁政治を実現し、帝政ローマへの道を敷いた。青年期にガリア遠征やブリタンニア遠征で軍事的成功を収め、独裁を敷いてからはユリウス暦の制定といった政治面での数え切れない偉業がある。皇帝を意味する、ドイツ語のカイザーやロシア語のツァーリの語源にもなった。私生活では大変な女好きだったという。
「賽は投げられた」
著述家として多数の名言を残したカエサル。これは、ガリア遠征からローマへ帰る際、両地を分けるルビコン川を渡り政敵の待ち構える母国へ赴く決意を表現した言葉。現代でも、もはや行動するしかない時に用いられる。
「来た、見た、勝った」
晩年に黒海沿岸のポントス王と戦ったゼラの戦いは4時間ほどで決着がつき、それを知らせる手紙に表現した、簡潔さが出色の名文句。
116
①
②
③
④

①人物名をローマ字で記載

②フルネーム

③紹介する人物の情報をデータ的にまとめたもの
【国・勢力】…人物が所属する国や勢力、部族名を記載
【生没年】…実在する人物かつ判明している場合のみ記載
【地位】…代表的な位階や立場などを記載
【別名】…異名、通称などを記載

④関連する武器や人物、歴史的事象や用語などを説明

注意
各人物は伝承や文献によって異なった逸話、設定が伝わっているものが少なくない。本書で取りあげているのはそのうちの一部である。各人物の名前はわかりやすさを重視し、一般的に通りがよいと考えられる名前を見出しに採用している

1章 古代の地中海世界

古代ギリシャの成立とトロイア戦争

文明の衰退と発展が繰り返された古代ギリシャ

古代ギリシャのはじまりは諸説あるが、通説では紀元前２０００年頃、クレタ文明の発生からをいう。前16世紀頃、南下してきたギリシャ人が、クレタ文明に代わるミケーネ文明を築いた。当時の様子を語る神話がトロイア戦争である。神々の諍いをきっかけに、小アジアの国家トロイアとギリシャの間で戦争が勃発、神々をも二分して10年続いた激戦は、ギリシャの勝利に終わった

このトロイア戦争と都市トロイアの存在は、長く神話のものであるといわれてきた。しかし１８７０年代、ドイツの考古学者ハインリヒ・シュリーマンがトロイアと思われる遺跡を発見。いまだその遺跡がトロイアであると確定していないとはいえ、その実在性も否定できなくなったのである。

トロイア戦争の流れ

ギリシャ神話の神々が引き起こしたトロイア戦争。この戦いは神話上のできごととされてきたが、遺跡の発見により一概にもそうとはいえなくなった。

1 黄金のリンゴ

女神テティスと英雄ペレウスの結婚式会場に「一番美しい女神へ」と刻まれた黄金のリンゴが投げ込まれた。ヘラ、アテナ、アフロディテの3女神は「自分が一番美しい」と譲らない。

2 パリスの審判

3女神から審判を委ねられたトロイアの王子パリス[→P28]に、ヘラは全アジアを支配する力、アテナはあらゆる戦での勝利、アフロディテは絶世の美女を与えると誘惑。パリスはアフロディテを選んだ。

パリス

3 ヘレネ略奪

パリスはアフロディテから、スパルタの王妃ヘレネ[→P28]をもらい受けた。妻を奪われたスパルタ王メネラウスは、兄アガメムノン[→P32]にトロイアへの侵攻を要請、ついにトロイア戦争がはじまった。

ヘレネ

4 アキレウスの活躍

強国ミュケナイの王でもあるアガメムノンの一声で、ギリシャ全土の男たちが参戦。なかでも英雄アキレウス[→P34]は不死身の体で大活躍した。しかし、アキレウスはアガメムノンと対立し戦線を離脱、ギリシャ軍は劣勢となった。

5 パトロクロスの死

アキレウスの親友パトロクロスは、戦士たちを鼓舞するためアキレウスの鎧をまとい戦場へ。戦士たちはアキレウスが戦線復帰したと思い喜ぶが、パトロクロスはトロイア軍総大将ヘクトル[→P38]との一騎討ちで敗れる。

6 アキレウスの死

親友の死を知ったアキレウスは仇を討つため戦線復帰。ヘクトルを一騎討ちで破った。再び優勢となったギリシャ軍だったが、パリスが放った矢が、アキレウスの唯一の弱点であるかかとに命中。アキレウスは死亡した。

7 トロイアの木馬

アキレウスの死後もギリシャ軍の優勢で戦争は続くが、決定打に欠ける。そこで知将オデュッセウス[→P44]はトロイアの城壁前に巨大な木馬を残し、ギリシャ軍は自陣を焼き払って撤退する。

オデュッセウス

8 トロイアの滅亡

トロイア軍は撤退するギリシャ軍を見て勝利を確信。戦勝祝い品として、城壁内に木馬を引き入れた。勝利の宴ののち、トロイアの街が寝静まると木馬の中からディオメデス[→P36]らギリシャの戦士が現れる。撤退したギリシャ軍も戻って総攻撃をしかけ、トロイアは滅亡。ギリシャが勝利した。

地中海の覇者マケドニア

ポリスの形成と大国マケドニアによる支配

ミケーネ文明が突如滅んでから400年後、ポリスと呼ばれる都市国家が形成される。ポリスひとつひとつが独立国家であり、ギリシャは小国が分立する状態となった。しかし、ポリス同士は言語が共通することやギリシャ神話の神々を信じていたことから、同じギリシャ人としての意識はもっており、異民族《バルバロイ》との戦いが勃発するとポリスが同盟を組んで立ち向かうこともあった。

紀元前808年、北方にマケドニア王国が建国される。言語は共通するもののギリシャとは一線を画し、ギリシャ全土を巻き込んだペルポネソス戦争（大都市スパルタとアテネの戦争）も静観していた。マケドニア王フィリッポス2世が即位すると、マケドニアの勢いは加速。前338年、カイロネイアの戦い

❖アレクサンドロス3世が築いたマケドニアの最大版図❖

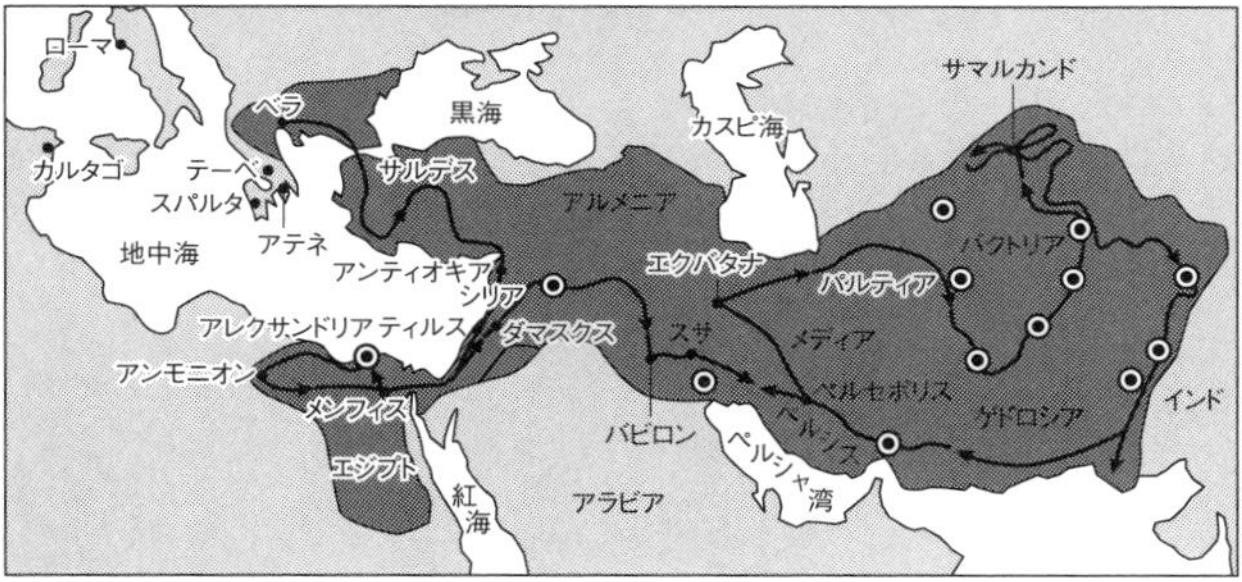

■ アレクサンドロス3世の帝国　◉ おもなアレクサンドリア市
→ アレクサンドロス3世の進路

に勝利したマケドニアは、スパルタを除くすべてのポリスとコリントス同盟を結び、強大な軍事力によってギリシャを支配した。

フィリッポス2世はギリシャに干渉してきたペルシャを討つため東方遠征を企てたが、志半ばで暗殺される。その意志を継いだのが、息子アレクサンドロス3世［→P66］だ。即位後、東方遠征を開始、各地で戦を繰り広げ、ついにペルシャを滅ぼした。アレクサンドロス3世はさらなる遠征を計画するが、33歳で病死。偉大な王を失った帝国は混乱し、後継者争いが勃発。やがて、複数の国に分裂する。

古代ローマの興亡

神話に見るローマ建国の経緯

ローマの建国は、一部神話を交えながらもトロイア戦争に端を発するとされている。敗れたトロイアの将軍アイネイアス〔↓P48〕は単身で落ち延び、イタリア半島のラティウム王の娘と結婚する。数百年後、後継者争いにより、アイネイアスの血を引く姫は叔父の策略で巫女にされるが、姫は通りかかった軍神マルスに見染められ、双子ロムルスとレムス〔↓P84〕をうむ。双子による王位簒奪を恐れた叔父の命令で双子は川に流されるが、狼に拾われ育てられた。成長した双子は出生の秘密を知ると、国へ戻って叔父を倒し復讐を果たす。双子は新たな国をつくろうとするが、その最中で対立しレムスが命を落とす。ロムルスはひとりで建国し、国名は自分の名を由来とするローマとした。

王となったロムルスは、王・元老院・市民による三権分立の基礎をつくった。しかし7代傲慢王タルクィニウスが即位すると、反抗する元老院を次々と殺害、圧政を敷いた。怒った市民は王子に強姦されたルクレティア［→P90］の自殺を機に王を追放。王政が終わり、元老院を中心とする共和政がはじまった。

英雄が現れては消えたローマ帝国興亡史

共和政樹立以来、内政と防衛戦で国を安定させてきたローマは、紀元前396年、領土拡大のため外部へ侵攻。ついにイタリア半島を統一し、共和政ローマは完成の形を得るのである。この時、シチリアに介入したことで、シチリアに進出していた北アフリカの大国カルタゴとの戦争に発展。120年に及ぶポエニ戦争は、不慣れな海戦やカルタゴの将軍ハンニバル［→P188］によって敗北を重ね苦戦するが、最終的には勝利し広大な領土を手に入れた。

しかし、長い戦争で農民の暮らしは苦しくなり、貧富の差がうまれた。市民は元老院に対して不満を抱き、軍人政治家カエサル［→P120］を支持。実力者カエサル、ポンペイウス［→P116］、クラッススによる三頭政治へと移行した。

だが、ポンペイウスが元老院に取り込まれて三頭政治は崩壊。元老院と争ったカエサルは勝利して終身独裁官となり改革を進めるが、暗殺される。

前43年、カエサルの姪の子オクタウィアヌス［↓P134］が跡を継ぎ、再び三頭政治を行うが、三頭政治の一頭アントニウスがエジプト女王クレオパトラ［↓P128］と結びオクタウィアヌスと対立し蜂起。この戦いを収めたオクタウィアヌスは、初代ローマ皇帝となり、帝政ローマ時代が幕を開けた。

ローマ帝国は、14代ハドリアヌス［↓P156］らが帝位に君臨した五賢帝時代に最盛期を迎える。しかし、平和はすぐに終わった。国力強化のため周辺属州との戦争が続き財政難となり、軍人出身の皇帝が乱立するようになったのだ。この事態を収束すべく皇帝ディオクレティアヌス［↓P172］はローマの東西に正帝・副帝を立てる四帝分治制《テトラルキア》をはじめるが、ヨーロッパ北部のゲルマン民族の流入や、属州の反乱が相次ぎ、ついにローマ帝国は東西に分裂した。うち西ローマ帝国はゲルマン人傭兵オドアケル［↓P210］によって皇帝が廃位され滅亡。東ローマ帝国は1000年以上続いたが、15世紀、オスマン・トルコの侵入により滅亡した。

❁王政ローマの仕組み❁

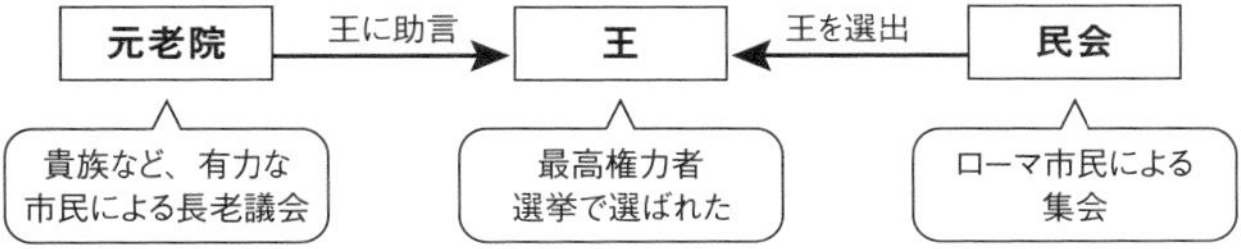
元老院
王に助言
王
王を選出
民会
貴族など、有力な市民による長老議会
最高権力者
選挙で選ばれた
ローマ市民による集会

❁共和政ローマの仕組み❁

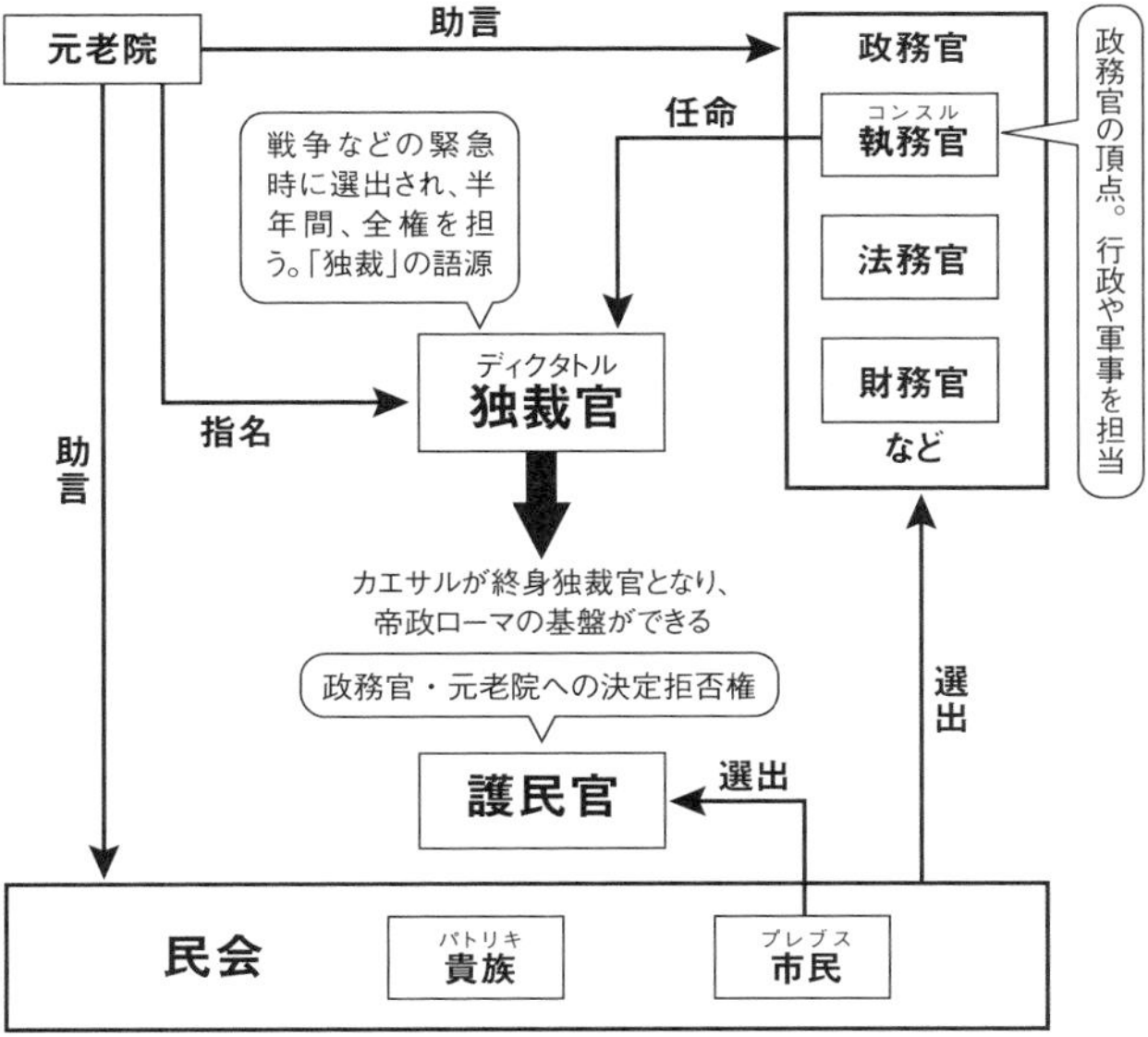
元老院
助言
政務官
任命
執務官《コンスル》
法務官
財務官
など
政務官の頂点。行政や軍事を担当
戦争などの緊急時に選出され、半年間、全権を担う。「独裁」の語源
指名
独裁官《ディクタトル》
助言
カエサルが終身独裁官となり、帝政ローマの基盤ができる
政務官・元老院への決定拒否権
護民官
選出
選出
民会
貴族《パトリキ》
市民《プレブス》

古代ローマの時代区分

古代ローマの歴史は、政治制度の変遷によって大きく3つに分けられる。

（年）	時代区分	王・皇帝など
B.C 753	王政	初代ロムルス［→P84］〜7代タルクィニウス
B.C 509	共和政	
B.C 60	三頭政治 第1回	ポンペイウス［→P116］／クラッスス／カエサル［→P120］
B.C 43	三頭政治 第2回	アントニウス／レピドゥス／オクタウィアヌス［→P134］
B.C 27	ユリウス・クラウディウス朝	初代アウグストゥス〜5代ネロ［→P142］
A.D 68	フラティウス朝	初代ウェスパシアヌス〜3代ドミティアヌス

- ティトゥス ▶P88
- ルクレティア ▶P90

- キンキナトゥス ▶P94
- カミッルス ▶P96
- アッピウス ▶P98
- スキピオ ▶P100
- カトー ▶P104
- コルネリア ▶P106
- マリウス ▶P108
- スッラ ▶P112
- キケロ ▶P114
- スパルタクス ▶P118
- ハンニバル ▶P188

- ブルトゥス ▶P124
- クレオパトラ ▶P128
- ウェルキンゲトリクス ▶P192

- アグリッパ ▶P138
- カリギュラ ▶P140
- セネカ ▶P148
- パウロ ▶P150
- ブーディカ ▶P196

- プリニウス ▶P152

476　324　286　235　192　96

324〜476	286〜324	235〜286	192〜235	96〜192
帝政				
（略）	テトラルキア時代	軍人皇帝時代	セウェルス朝	ネルウァ・アントニヌス朝
コンスタンティヌス1世 〜 ロムルス・アウグストゥス	東方ディオクレティアヌス 西方マクシミアヌス 〜 東方リキニウス／マルティニアヌス 西方コンスタンティヌス1世［→P178］	マクシミヌス・トラクス 〜 ディオクレティアヌス［→P172］	セプティミウス・セウェルス 〜 セウェルス・アレクサンデル	初代ネルウァ 2代トラヤヌス［→P154］ 3代ハドリアヌス［→P156］ 4代アントニヌス・ピウス 5代マルクス・アウレリウス［→P160］ 6代ルキウス・ウェルス 7代コンモドゥス［→P162］
テオドシウス ▶P182 アッティラ ▶P202 グンテル ▶P206 ガイセリック ▶P208 オドアケル ▶P210	ゲオルギウス ▶P174	アウレリアヌス ▶P170	カラカラ ▶P166 ヘリオガバルス ▶P168	ゼノビア ▶P198

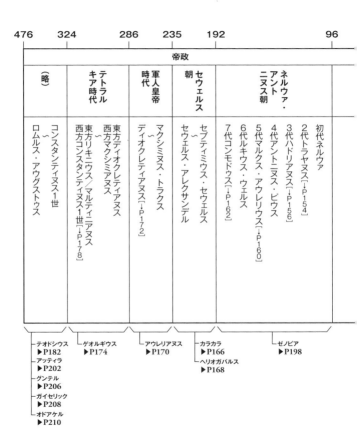

古代ギリシャ・ローマ文化の変遷

ヨーロッパ文化の起源となったギリシャ・ローマ文化

ポリスが形成された紀元前8世紀頃、吟遊詩人ホメロスにより最初期の西洋文学とされる二大叙事詩『イーリアス』と『オデュッセイア』がつくられた。『イーリアス』はトロイア戦争の物語、『オデュッセイア』はトロイア戦争の英雄オデュッセウス［↓P44］の冒険譚である。以来、叙事詩の執筆が盛んになる。やがて叙事詩は演劇として上演されるようになり多くの劇作家が誕生した。

一方で、古代ギリシャ人は徐々に自然の事象を神話から切り離すようになり、前6世紀頃から数学や自然科学などの学問が盛んになっていく。政治では民会での弁論が発展、そこから正しい理論でなくとも説得することが重要視されるようになった。これに対し、真理の絶対性を説いたのがソクラテス［↓P54］だ。

これよりギリシャ哲学がはじまった。

アレクサンドロス3世［↓P66］が東方遠征を成し遂げると、東西の文化が融合しヘレニズム文化がうまれ、「ミロのヴィーナス」といった著名な芸術作品がつくられた。同じ頃、エジプトの都市アレクサンドリアに「ムセイオン」という図書館や博物館を併設した大規模な研究所がつくられ、アルキメデス［↓P80］をはじめとする学者が集結、学問はさらに発展した。

ローマ時代、ローマはギリシャを征服したにも関わらず、文化においてはギリシャをリスペクトし、ギリシャの影響を見ることができる作品の数々がつくられた。アウグストゥス［↓P134］治世の詩人ホラティウスは、この現象を「征服されたギリシャが、粗暴なローマを征服した」という言葉で表した。

またこの時代、コンスタンティヌスの凱旋門やコロッセウムなどの巨大建造物や、浴場などの実用的な施設が多くつくられた。これらの多くは現在世界遺産として保存されている。

ギリシャからローマの時代にかけて発展した芸術や学問は、以降の西洋史に多大な影響を与え、ルネサンスに至るヨーロッパ文化の礎となった。

ローマ帝国の最大版図

ローマ帝国は五賢帝時代に最盛期を迎え、トラヤヌス帝[→P154]の治世に最大領土を築いた。都市部の上層市民は「ローマ市民権」を得られたが、属州の多くは市民権を得られず帝国の支配に苦しめられることもあった。

北海
ブリタニア
ロンディニウム
大西洋
ルテティア
ゲルマニア
ガリア
ラエティア
ウィンドボナ
ノリクム
メティオラヌム
マッシリア
イリリクム
ヒスパニア
コルシカ
ローマ
ポンペイ
サルディーニャ
カルタゴ=ノヴァ
ガデス
シチリア
カルタゴ
シラクサ
マウレタニア
ヌミディア
地中海
アフリカ
ローマ帝国の最大版図
おもな都市
おもなローマ周辺国
ローマ帝国東西分裂の境界線

シュリーマンが発見したトロイアの遺跡（トルコ）。現在は世界遺産に登録されている。

2章 トロイア戦争の英雄

パリス／ヘレネ

Paris ／ Helen

国 トロイア／スパルタ

地位 王子／王妃

別称 （パリス）アレクサンドロスなど（ヘレネ）ヘレネーなど

禁断の愛がトロイア戦争を招いた

ギリシャの一都市スパルタの王妃ヘレネと、トロイアの王子パリス。女神アフロディテの導きでヘレネに一目惚れしたパリスは彼女をトロイアにさらい、それがきっかけでギリシャ対トロイアのトロイア戦争が勃発する。戦争に巻き込まれたパリスは、致命傷を負って死去。ヘレネは前夫のスパルタ王メネラオスとヨリを戻すという悲恋で終わる。

『イーリアス』

紀元前8世紀頃に活躍した吟遊詩人ホメロスがうみ出したギリシャ最古の叙事詩。物語の舞台はトロイア戦争で、アキレウス[→P34]とアガメムノン[→P32]の諍いからはじまる。その後、49日の間に起きたさまざまな戦い、神々と英雄たちの物語が荘厳に綴られる。吟遊詩人によって歌い継がれたものが前6世紀頃から文書にまとめられはじめたといわれる。

女神の誘惑で王子が人妻に恋をした

ギリシャとトロイアが長きにわたって戦い続けたトロイア戦争。その発端は、トロイアの王子パリスとスパルタ王妃ヘレネの駆け落ちだった。

トロイアの王子パリスはある日、アテナ、ヘラ、アフロディテの3女神から「誰が一番美しいか」という究極の選択を迫られる。この3女神は「一番美しい女神へ捧げる」と書かれたリンゴの所有権を巡って揉めていたのだ。女神たちは自分を選んでもらおうとパリスに贈り物を提示して揺さぶった。

結局、パリスが選んだのは「世界で一番美しい乙女を与える」と約束したアフロディテだった。そんな彼の前に現れたのがスパルタ王妃ヘレネ。一目で恋に落ちたパリスは人妻であるヘレネを奪い、トロイアに帰国してしまう。

ふたりの火遊びは10年続く大戦争へ

パリスの心を奪ったヘレネは最高神ゼウスとネメシスの娘であり、卵でうみ落とされたといわれている。彼女の美貌は成長するごとに際立ち、その美しさはギリシャ中の噂となった。彼女のもとに集まったたくさんの求婚者たちはヘレネを狙って一触即発状態になる。そこで知恵者のオデュッセウス［→P44］の案で「ヘレネが選んだ夫に何かがあれば皆で助ける」という誓いを立てることに。そんなヘレネが選んだのは、スパルタ王メネラオスだった。

しかし後日、パリスの手によってヘレネはトロイアにさらわれる。それを知ったメネラオスは怒り狂い、兄であるミュケナイ王アガメムノンに手助けを依頼。「ヘレネの夫を助ける」と誓いを立てた男たちも戦争に加わり、ギリシャ全土の兵がトロイアに向かうことになった。こうしてトロイアとギリシャの全面戦争「トロイア戦争」が勃発したのだ。

10年続いたこの戦争の中、太陽神アポロンの庇護を受けたパリスは英雄アキレウスを射殺するという勝ち星をあげるのだが、ヘレネの元求婚者との一騎討ちで瀕死に。彼は元妻に助けを求めるも救いの手は間に合わず、悲しい最期を迎えた。一方ヘレネはトロイア陥落後、元夫メネラオスと元サヤに収まることになった。現在、ヘレネはクレオパトラ［→P128］、楊貴妃と並んで世界三大美女に数えられ、多くの芸術やメディア作品のモチーフとなっている。

Agamemnon
アガメムノン

国 ミュケナイ
地位 王
別称 アガメムノーンなど

好色で残忍なミュケナイの王

トロイア戦争でギリシャ軍総大将を務めたミュケナイの王。ヘレネ［↓P28］の夫メネラオスの兄であり、妻が連れ去られたことに気づいたメネラオスがアガメムノンにトロイア攻撃を依頼したことが戦争のきっかけとなった。

彼は「ヘレネの夫に何かがあればかつての求婚者全員が助ける」という誓いを盾に、ヘレネの元求婚者たちに参戦を促す。そして1000隻を超える船を用意し、多くの勇者を乗せてトロイアへ向かった。そして、ヘレネ返還に応じないトロイアの態度に怒ったアガメムノンは、とうとう一斉攻撃を開始する。

神々と英雄たちによる戦争は10年間も続いた。ある戦いで、アガメムノンはアポロン神殿に仕える神官の娘クリュセイスを捕虜として手に入れる。この無礼に怒ったアポロンはギリシャ陣営に疫病を流行らせた。アガメムノンが渋々クリュセイスを返還したことで疫病は収まったものの、懲りないアガメムノンは続いて英雄アキレウス［↓P34］の捕虜であるブリセイスという女性を半ば無理やり手に入れてしまう。

この横暴にアキレウスは激怒し戦争をボイコット。ギリシャ最強と謳われた彼の離脱で戦況は一気にトロイア側に傾くことになる。しかしアガメムノンはこのピンチもなんとか切り抜け、最後はオデュッセウス［↓P44］の知恵で勝利を手に入れた。好色なアガメムノンはパリス［↓P28］の妹カッサンドラを捕虜にして、意気揚々とミュケナイへ引きあげたのである。

ミュケナイではアガメムノンの妻クリュタイムネストラが夫の帰りを待っていた。しかし、彼女もアガメムノンの好色によって運命を狂わされた女性であり、夫の残忍な仕打ちに復讐を企てていたのだ。クリュタイムネストラは、不倫関係となっていたアガメムノンの従兄弟に夫殺しを依頼。アガメムノンは、妻の不倫相手の手にかかり殺されるという末路をたどった。

Achilleus

アキレウス

国 ギリシャ
地位 戦士
別称 アキレスなど

ヘクトルを討ち取ったギリシャ軍の英雄

トロイア戦争にはギリシャ軍の将として参戦し、一騎当千の活躍を見せた俊足の英雄アキレウス。父はプティア王ペレウスで、母は大神ゼウスや海神ポセイドンもその美貌に魅了されたという海の女神テティスだ。

テティスは我が子を深く愛したが、自分とは違い不死の体でないことを気に病んでいた。そして、アキレウスを不死の体にするべく、冥界に流れているステュクス川にひたしたという。この時、テティスが握っていた踵の一部が、川の水に触れることができず、無敵の英雄唯一の弱点となってしまった。

トロイア戦争がはじまると、アキレウスは親友パトロクロスとともに戦場へと赴いた。しかし、ギリシャ軍の総大将であるアガメムノン［→P32］とはたびたび対立。ついにアキレウスが戦線離脱してしまう事態に発展した。ギリシャ軍の士気の衰えを見て奮起したパトロクロスはアキレウスの鎧を着て、身代わりとして参戦。兵士の士気はあがったものの、パトロクロスはトロイアの英雄ヘクトル［↓P38］の槍に貫かれ戦死した。

親友の死を知ったアキレウスは怒り、ヘクトルを討つために再び戦場へと舞い戻る。ギリシャ、トロイア両陣営の英雄がぶつかった一戦は、果たしてアキレウスの勝利で終わった。しかし、今度はヘクトルの弟である王子パリス［↓P28］が矢を放ち、彼の唯一の弱点であった踵に刺さる。アキレウスはトロイア戦争の結末を見ないまま、戦場に散ったのだ。このエピソードが転じて「アキレス腱」は唯一の弱点という意味をはらむようになったといわれている。

死後、アキレウスの遺体はテティスによってアキレア島へ運ばれた。このアキレア島はウクライナの蛇島にあたるといわれ、蛇島にはアキレウスの墓があるといわれる。また、アキレウスはウクライナ、ルーマニアの方では船乗りたちの守護神と信じられ、彼の英雄譚は今でも語り継がれている。

Diomedes
ディオメデス

国 ギリシャ
地位 王、戦士
別称 ディオメーデースなど

オデュッセウスの盟友にして陰の立役者

10年間続いたトロイア戦争のハイライトといえば、オデュッセウス［↓P44］が考案した「トロイアの木馬」作戦だろう。木馬には50人の戦士が隠れていたというが、そのうちのひとりがオデュッセウスの盟友ディオメデスだ。ギリシャ王のひとりで、戦いの女神アテナの加護を受けていた。その力は、軍神アレスや、美の女神アフロディテの体に傷をつけるほどで、アレスはショックのあまり父神ゼウスに泣きついたという逸話まである。

ディオメデスはオデュッセウスが立てた計画を着実に実行し、結果に結びつけていった。トロイアの木馬はもちろん、オデュッセウスとともにトロイアの町を守る「聖なるアテナ像（パラディウム）」を盗んだり、偵察活動に従事したりもした。一方、アキレウスの不在時には戦いの指揮も執っており、攻めも守りもこなせる将だったことが窺える。

なかでも大きな功績といえるのが、「ヘラクレスの弓」の回収だろう。予言者カルカスによると、ギリシャが勝利を手にするためには、この弓がなくてはならないのだという。そこで、ディオメデスとオデュッセウスは弓を手に入れるためにレムノス島へと向かった。この島には弓の持ち主であるギリシャの武将ピロクテテスが、毒蛇に噛まれて置き去りにされていた。ディオメデスは彼を説得し、弓を持ち帰ることに成功した。なおピロクテテスはその後、ヘラクレスの弓を片手に戦場に赴き、トロイア戦争の原因をつくったトロイア王子パリス［→P28］を射抜いた。

木馬作戦が成功してトロイアが陥落すると、ディオメデスもほかの将と同じように故郷へと戻っていった。戦友オデュッセウスがその後10年も地中海をさ迷ったのに対して、ディオメデスはあっさり故郷に戻ったという。しかし、一説では、妻の不貞を疑い、国を捨てたともいわれている。

Hector

ヘクトル

国 トロイア
地位 王子
別称 ヘクトールなど

アキレウスと戦った最強のトロイア王子

トロイア王プリアモスの子であり、トロイア軍を率いた総大将。ヘレネ［↓P28］をさらった弟パリス［↓P28］を諫めるなど常識人なうえ、太陽神アポロンの加護を受けていた彼は戦いにも強く、まさに勇者と呼べる人物だった。

戦争が長引きはじめた頃、ギリシャ陣営では勇者アキレウス［↓P34］の女性捕虜をギリシャ軍総大将のアガメムノン［↓P32］が奪うという事件が勃発。このことで両者は不仲となりアキレウスは戦線離脱。ギリシャ陣営の士気が下がりはじめていた。

このことを案じたのがアキレウスの親友であるパトロクロスだ。彼はアキレウスの鎧を身にまとい、アキレウスのふりをすることでギリシャ兵を鼓舞。一気にトロイア軍へ攻め込んだ彼はアキレウスであると詐称したまま、ヘクトルと一騎討ちをすることになった。しかし、アポロンの加護を得ていたヘクトルは強く、パトロクロスは彼の槍によって突き殺されてしまうのである。

これを知って激怒したのがアキレウス。親友の訃報にアキレウスはすぐさま戦場に帰還。戦場でトロイア兵を数多く殺すなど、一騎当千の姿を見せつける。そんなアキレウスの前に飛び出したのが、ヘクトルだった。

ヘクトルは神託によって、アキレウスと戦えば死ぬことを知っていた。しかし「自分の死後、アキレウスもまた死ぬことになる」と予言されていた彼は、自分の命を投げ捨てる覚悟でアキレウスとの戦いに立ち向かったのである。

予言の通りヘクトルはアキレウスの槍によって突き殺され、その死体は戦車につながれ市中を引き回されることとなる。これを嘆いたのはヘクトルの父であるプリアモス王。王の願いによってヘクトルの遺体はトロイア側に引きわたされることになった。彼の葬儀の間、戦争は一時休戦するなど、両陣営から一目置かれた人物であった。

Penthesileia
ペンテシレイア

国 アマゾーン
地位 女王
別称 ペンテジレーア など

勇者アキレウスが恋した女戦士

屈強な女戦士アマゾーンを率いる女王。トロイア戦争でアマゾーンはトロイア側について戦うこととなる。彼女が戦った相手はギリシャの勇者アキレウス［→P34］。勇猛なペンテシレイアだったがアキレウスの槍には敵わず、突き殺された。アキレウスは、彼女の命が尽きたことを、ひどく悔やんだという。後世にはアキレウスと恋する戯曲がつくられた。

アマゾーン

アマゾーン、もしくはアマゾネス。古代ギリシャに存在したといわれる女性戦闘集団のこと。ギリシャ語で乳房を指す「mazos」に、欠如の接頭詞「a」がついた「Amazone（乳房のない女性）」が語源とされる。これはアマゾーンたちが武器を扱うのに邪魔な片方の乳房を切り落としていたことに由来するという。

ギリシャ人を恐れさせたアマゾーン

アマゾーンは女王を中心に女性だけの軍を組織していた戦闘集団である。彼女たちは年に一度子孫を残すために「男狩り」をしに来襲するという。そして男の子がうまれれば殺し、女の子がうまれれば戦闘員として育てたとされる。

アマゾーンが本当に実在したかどうかは定かではないが、古代ギリシャの詩人アイスキュロスからは「肉を貪るものたち」、歴史家ヘロドトスからは「男殺し」と表されたように、彼女たちの存在は古代ギリシャ人を怯えさせた。

そんなアマゾーンは戦争の神アレスと精霊のハルモニアの子孫とされている。アマゾーンの女王ヒッポリュテは自分の腰帯を奪いに来た英雄ヘラクレスと戦い、その妹のアンティオペ（あるいはヒッポリュテ本人とも）はミノタウロスとの戦いに勝ち抜いた英雄テセウスと結婚するなど、アマゾーンはギリシャ神話の中にたびたび登場する存在でもある。

ギリシャの英雄、アマゾーンの女王に恋をする

そんなアマゾーンはトロイア戦争にも参戦している。トロイアの援軍として駆けつけたのはアマゾーンの女王ペンテシレイアだ。彼女はギリシャの英雄でもあるアキレウスと一騎討ちとなり、胸を突かれて殺された。アキレウスは美しい彼女を殺してしまったことを後悔し、ひどく嘆いたとされている。

この神話は、のちにドイツの劇作家ハインリヒ・フォン・クライストによって戯曲『ペンテジレーア』となる。この物語ではペンテシレイアとアキレウスは戦いの最中、互いに惹かれ合う。彼女はこの勝負に勝ってアキレウスをものにしようとするが、敗北。アキレウスの捕虜となりかけるが、ほかのアマゾーンに助けられた。ペンテシレイアはアキレウスに再戦を挑むが、彼女をどうしても手に入れたいアキレウスは、武装を捨てて彼女に愛を誓い、負けを認める。しかしリベンジに燃えるペンテシレイアはアキレウスの言葉を信じられず本気で討ちかかり、あげく彼の胸に喰らいつき、殺してしまう。その後、アキレウスの本心を知った彼女は激しく後悔し、あとを追うことになった。

もちろん神話にはないエピソードだが、このような物語がつくられるほど、アマゾーンは多くの人が惹かれた存在だった。

Odysseus

オデュッセウス

国 イタケ
地位 王
別称 ウリュッセース、ウリクセースなど

冒険に翻弄された戦争の英雄

ギリシャ屈指の戦略家としてその名を知られるオデュッセウス。トロイア戦争では智謀を買われ、無理やり参戦させられる。彼の考えついた「トロイアの木馬」作戦で、10年続いた戦争は終結。彼もようやく故郷に帰還できるはずが、神々の妨害を受け続け、さらに10年もの間、地中海の島々を巡る大冒険に身を投じることになってしまった。

トロイアの木馬

膠着状態に入ったトロイア戦争を終わりへ導いた奇策、それがオデュッセウスの「トロイアの木馬」だ。多くのギリシャ兵を隠した巨大な木馬をトロイアへ贈り、兵を木馬ごと城内に運び込ませるという作戦である。策略通りトロイア兵はこの木馬を城内に引き入れ、ギリシャ兵は深夜を待って木馬から飛び出してトロイア陣地を一斉に攻め立てた。この策によってギリシャが勝利を収め、長かったトロイア戦争もようやく終結したのである。

戦争を終わらせたギリシャの戦術家

ギリシャでも抜群の知恵者として知られていたオデュッセウス。ヘレネ［↓P28］が多くの男性から求婚を受けた時、あとで諍いにならないように「ヘレネの選んだ夫に何かがあれば皆で手を貸す」という誓約を献策したのは彼だった。ヘレネがパリス［↓P28］にさらわれた時、ギリシャ中の男たちが誓約にもとづいて集結。つまり彼の案が戦争を呼び起こしたのだ。

自身もトロイア戦争に参戦したオデュッセウスは、トロイアの木馬という奇策でトロイアを破り10年続いた戦争を終わらせた。しかし故郷へ帰ろうとするオデュッセウスを待ち受けていたのは、思いもよらない冒険だった。

地中海を巡る数々の大冒険

トロイアを出航したオデュッセウスだが、激しい嵐に襲われる。船は故郷から遠く離れた場所に漂着し、部下たちは眠りを誘う怪しい果物（または花）の虜になってしまう。どうにか出航したものの、オデュッセウスが続いてたどり着いたのは、ひとつ目の巨人たちが住む洞窟。彼はある巨人の目を潰し、なんとか洞窟を抜け出したが、目を潰された巨人は海神ポセイドンの息子。ポセイドンの怒りを買った一行はこの先、散々旅路を邪魔されることになる。

多くの島を冒険したオデュッセウスが迷い込んだのは、男を動物に変えてしまう魔女キルケの住む島だった。彼女に気に入られたオデュッセウスはこの島で1年過ごし彼女との間に子どもまでつくることに。それでも彼は故郷を忘れられず、帰国を決意する。続いての旅路でも、美しい歌声で人を海に引きずり込む怪鳥セイレン、6本首の化け物スキュラなど数々の試練に襲われるが、キルケの助言もありなんとか攻略。旅の終わりは間近かと思われた。

しかしとある島で、部下が神の家畜に手を出したせいでオデュッセウスは船も部下も失うことに。流れ着いた島で彼は7年の歳月を過ごすこととなる。そんなオデュッセウスを救ったのは、女神アテナだった。彼女はゼウスにオデュッセウスの帰還を懇願。女神の祈りによって彼はようやく故郷へ戻ることができたのである。これらの物語はのちにホメロスの手により叙事詩『オデュッセイア』にまとめられ、多くの人を魅了し続けている。

Aeneias
アイネイアス

国 トロイア
地位 武将
別称 アイネイアース、アエネーアースなど

トロイア戦争で腕を奮ったローマ人の遠い祖先

女神アフロディテの息子でもあるアイネイアス。彼はアフロディテやゼウスといった神々の加護を受けていた。トロイア戦争でヘクトル［→P38］に代わって指揮を執るようになると、アポロン、ポセイドンなどもアイネイアスを庇護し、彼は勇者として活躍した。しかし、トロイアの木馬によってトロイアは壊滅。ここから先のアイネイアスの物語は、ローマの詩人ウェルギリウスによる叙事詩『アエネーイス』で語られる。

ギリシャ兵が放った炎の中、陥落するトロイアの街を見たアイネイアスは、父親を肩に担ぎ、息子の手を引き、さらにトロイアの守護神像を手に取るとそ

のまま山へと逃げ出した。そしてトロイアの生き残りを集めて、新しい住処を探して長い旅に出るのである。この時、亡くなった彼の妻が「アイネイアスがラティウムに国をつくる」と予言。彼の人生は、謎の地ラティウムを探すために費やされることとなる。

アイネイアスはトラキア、マケドニア、イタリアと旅を続ける。しかし女神ユノ（ギリシャ神話では大神ゼウスの妻ヘラ）に妨害され旅の途中で嵐に遭遇、海に落下してしまった。カルタゴに漂着し、カルタゴ女王と恋に落ちるも、彼は神命を受けて、再びラティウムを探すために出港する。その後もユノの妨害が続くが、クマイという地で出会った巫女に導かれ、冥界で亡父の霊と出会うことになる。父は、「ローマが地中海を支配する」と告げ、その後、アイネイアスはようやく目的のラティウム、のちのローマにたどり着く。当初は先住民と争うことになるも、のちに和睦を結びラティウム王の娘を娶った。

アイネイアスはこのあとに亡くなってしまうが、彼の息子がラティウムにアルバ・ロンガ市をつくりあげ、その子孫にロムルスとレムス［→P84］が誕生。このふたりがローマの始祖となったのだ。

『イーリアス』をもとに再現されたトロイアの木馬（トルコ）

3章 古代ギリシャの英雄

Peisistratos
ペイシストラトス

国 アテネ
生没年 ?～前527年
地位 政治家、僭主

アテネを育てたクリーンな独裁者

古代ギリシャの都市国家アテネを支配した僭主ペイシストラトスは、貴族出身である。都市国家メガラとの戦いが起こると、ペイシストラトスは友人であるギリシャ七賢人のひとりソロンに協力し、アテネ軍を率いてみごと勝利。この活躍により、民衆からの人気を得たのだ。

当時アテネは複数の勢力によって政治が行われていた。ペイシストラトスもまた自分を支持する農民たちを支配して「高地党」を立ち上げた。さらにペイシストラトスは、政敵の攻撃で傷を負ったことをきっかけに、護衛部隊を結成。護衛部隊を使ってアテネの中心アクロポリスを占拠すると独裁をはじめた。この時の戦傷は、ペイシストラトスが自ら傷つけたとする説もあり、目的のために手段を選ばない彼の性格が窺える。

僭主として独裁政権を築いたペイシストラトスだが、対立勢力に反抗されてアテネを追放される。追放後は鉱山経営で財力を得て、販路拡大と同時に各地の有力者と友誼を深めるとともに、アテネ内部の密通者ともやりとりを継続していた。満を持して軍を引き連れアテネに攻め入ると、ペイシストラトスを追放した対抗勢力は逃げ、ほぼ無血でアテネに入った。

アテネに戻ったペイシストラトスは、再び独裁を開始。対抗勢力が所持していた土地を農民に分配して税を課した。税の用途はアテネの公共事業であり、それも民衆に開示した。また、鉱山経営の時に開拓した販路を商人たちに使わせた。口伝であったホメロスの叙事詩を文字に起こしたり、開拓した鉱山を活かしてアテネで最初の貨幣をつくったりするなどの功績も残している。

ペイシストラトスによる統治は確かに独裁であったが、富と秩序をもたらされたアテネの人々は、これを認め、その後の彼は反抗勢力に盛り返されることも、暗殺の危機にさらされることもなく、穏やかに生涯を終えた。

Socrates
ソクラテス

国 アテネ
生没年 前70年頃～前399年
地位 哲学者

若者に慕われた議論好きの哲学者

古代ギリシャを代表する哲学者。背も鼻も低くてお世辞にも美男子とはいえなかったようだ。頭脳明晰で話がうまく、多くの若者を惹きつけたが、弟子から授業料を取らなかったため、貧しかったという。いつも弟子たちと議論を行い、その中で自分の思想を練りあげた。しかし、最期は若者をたぶらかしたという嫌疑をかけられ服毒自殺した。

プラトン

古代ギリシャの哲学者。イデア論など重要な思想を説き、学校を建てて優秀な若者の育成に貢献するなどの功績を残した。また、ソクラテスの弟子として、著書『ソクラテスの弁明』などに、師の思想を書き残した。ソクラテスは自らの思想を書き残さなかったため、プラトンら弟子などの著書を通して、その思想を知るほかない。しかし、弟子同士でもソクラテスの思想に対する見解が分かれているため、ソクラテスのありのままの思想とは言い難く、読解には慎重にならなければならない。

議論で若者を惹きつけた哲学者

偉大なる哲学者ソクラテスはアテネで生を受け、父親は石工、母親は助産婦という、ごく一般的な家庭に育った。アテネとスパルタが戦ったペロポネソス戦争などで、一時的に重装歩兵として兵役についていたとされるが、生涯のほとんどを学問、特に倫理と哲学に費やした。

ソクラテスは真実、真理を追究した。多くの人々と議論を行い、巧みな話術で人が自分の中に持つ知識や常識を疑うように誘導した。ソクラテスと議論をすると、最初は自分の考えが正しいと信じて疑っていなかった者も、話していくうちに自らの考えにほころびがあることに気がつくのだという。ソクラテスは「自分には知恵がない」と主張した。よく知らないことを知っていると思い込むより、自分は知らないのだと自覚できる者こそが賢者であるとし「無知の知」という言葉を残したとされている。

若者たちはソクラテスの考え方や話術に刺激を受け、彼の周りに集まった。ソクラテスは議論の場所がどこであろうと厭わず裕福な者から一般市民まで立場も職種も気にすることなく、どんな相手との議論でもその価値を認め、真剣に取り組んだという。

愛するアテネの法に従い命を落とす

ソクラテスの議論は若者の心を掴んだが、一方でそれを快く思わない者たちもいた。紀元前399年、数名の市民により、神々を尊敬しようとせず議論で若者を惑わしているとして、ソクラテスは告発される。ソクラテスは、弁護することも情状を訴えることもせず、流れに身を任せた。裁判の結果、ソクラテスに死刑が言いわたされる。弟子や友人はソクラテスに脱獄を勧めたが、ソクラテスは、うまれ育ったアテネで定められたことであれば犯せないとして、脱獄の機会も見送った。そして、「悪法も法なり」という言葉を残し、弟子や友人と最後の面会をしたあと、自ら毒を飲んで息絶えた。

ちなみにソクラテスは恐妻家であった。妻クサンティッペは悪妻で、よく怒鳴ったり、尿瓶の中身を夫にぶちまけたりしたとされる。ソクラテスは「悪い妻をもてば、私のように哲学者になれる」と語ったとも伝わっている。

Themistocles

テミストクレス

国　アテネ
生没年　前528年頃～前462年頃
地位　軍人、政治家

貪欲でタフなアテネの名将

紀元前493年、古代ギリシャの都市国家アテネの執行官となったテミストクレスは、港をつくって流通を促し、商業に力を入れた。アテネ領内から銀鉱脈が発見されると、テミストクレスは豊富な銀を使って、三段櫂船という軍船を建造。この船は多くの漕ぎ手を乗せられる構造で、かつ速度も出た。ペルシャ戦争がはじまると、テミストクレスが指揮を執るアテネは三段櫂船を敵船に体当たりさせる戦法で、勝利を手にした。

戦果をあげたテミストクレスだったが、見返りに大きな権力を要求したため人心を失う。そして、民主政を脅かす者として陶片追放《オストラキスモス》（僭主になりそうな人物の名を陶器の欠片に刻んで投票し、規定の投票数を獲得した人物をアテネから追放する制度）された。

テミストクレスは、知勇に優れていたが、名誉に対して貪欲すぎる面があったという。同時代の歴史家プルタルコスの書き残すところによると、「テミストクレスは仕事をあえてため込み、一気に消化することによって、自分が処理能力の高い人間であると見せかけようとしていた」という。とはいえ、実際彼の手腕がアテネ発展の基盤を築いたことに間違いはない。

アテネから追放されたテミストクレスは、敵国であったペルシャに渡り王と面会。寛大な王に受け入れられたテミストクレスは、1年でペルシャ語を学び、マグネシア地方（現在のトルコ・マニサ）の長官となった。最期はこの地で病没したとされ、母国との戦いを要求されて服毒自殺したとする説もある。

ゲーム『アサシン クリード オデッセイ』では、亡命後のテミストクレスからギリシャの美しい街並の話を聞いたというある男が、ギリシャを見に行くというクエストがある。テミストクレスは自身を追放したギリシャを、このゲームで語られているようにその後も愛し続けていたのだろうか。

Pericles

ペリクレス

国 アテネ
生没年 前494年頃〜前429年
地位 政治家

民主政アテネを築いた最高権力者

紀元前5世紀頃のアテネは、民主政への転換期にあった。民主派の先頭に立ったペリクレスは、市民の参政を促そうと、役人の抽選制を開始。抽選された役人は1年の任期で行政を担当し、成人男性市民の集会である民会で、ペリクレス指導のもと国政を進めた。さらに無給であった陪審員に手当を与えるなど給料制度を設け給料を支払った。これによりアテネの民主政は大成した。その一方でペリクレス自身は、抽選ではなく民会の選挙で選ばれる再任可能な将軍職に選ばれ続け、15年間最高権力を握り続けた。彼が将軍職に就いていた期間を、「ペリクレス時代」という。

民主政を完成させ、アテネを強国へと成長させたペリクレスは、ギリシャ古典文化の最盛期も牽引した。かの有名なパルテノン神殿を再建したのも彼である。アテネでは演劇が盛んに上演され、最貧困層の観劇料を無料にした。

この、アテネの華やかな成長は、デロス同盟の軍資金を流用することで行われた。デロス同盟とはアテネを中心とする200ほどのポリスが加盟した同盟で、各ポリスはペルシャの脅威に対抗するため、軍事金を納めていた。しかし、テミストクレス〔→P58〕らがペルシャに勝利し危機が遠ざかったため、ペリクレスはこの資金をアテネが独占できるようにし、本来の目的以外に使ってしまったのである。このため、同盟から離脱するポリスも現れた。

その後アテネは、同盟を離脱したポリスの受け皿となった都市国家スパルタとペロポネソス戦争に発展。積極的に攻めるスパルタに対し、アテネは防衛に徹する籠城作戦に出た。しかし、閉鎖したアテネの中で疫病が蔓延し、アテネは敗北。開戦当初指揮を執っていたペリクレスは、この戦争の結末を知らない。蔓延した疫病に自らも冒されて、命を落としたからだ。こうしてペリクレスは、その人生の最期でアテネ衰退のきっかけをつくってしまったのだ。

Leonidas I

レオニダス1世

国 スパルタ
生没年 ?～前480年
地位 王

最強のスパルタ兵を率いる王

ペルシャ戦争でギリシャ連合軍を率いたスパルタの王。テルモピュライの戦いでは、わずか300人の手勢を連れ、重装歩兵による陣形ファランクスと、地の利を活かした巧みな戦術でペルシャの大軍を押し留める超人的な活躍を見せる。最期はペルシャ軍に取り囲まれ降伏を促されるが拒否。不屈の精神で突撃し、300人の兵とともに命を落とす。

スパルタ教育

古代ギリシャのポリスのひとつスパルタは、広大な土地を有し、多数の奴隷を使って管理していた。人口の数倍もいる奴隷が反乱を起こすと、混乱は必至。そこでスパルタの男性は全員、奴隷の反抗心を抑えるために強くあることを要求された。7歳になると男子は訓練を開始。死者を出すほどに過酷であったが、乗り越えた者は皆、強靭な男になっていたといい、このことから「スパルタ教育」は厳しい教育を指す言葉となった。

ペルシャ戦争で国のために固めた死の決意

スパルタ王アナクサンドリデスの三男であったレオニダス1世は、ふたりの兄が相次いで早世したため即位した。しかし、王位とともに巡ってきたのは、在位数年で大国ペルシャの侵攻を迎え撃つという、過酷な運命であった。

紀元前480年8月、オリンピアでは古代オリンピックとして著名なオリンピア祭が、スパルタでは古来の神カルネウスを称える祭が開催されていた頃にペルシャ戦争屈指の激戦ははじまった。古代ギリシャにおいてこれらの祭事は神聖なもので、何事にも優先される。ペルシャはこの機に乗じて大軍を送り込んだのだ。その数は諸説あるが、およそ20万人前後であったといわれている。対するギリシャ連合軍が準備できた兵数はおよそ7千、そのうちスパルタの兵数は300であった。レオニダス1世は太陽神アポロンをまつるデルポイで「王が死ぬか、国が滅ぶか」という神託に従い、国のため死を覚悟する。出立前、妻に対して「よき夫と結婚し、よき子どもをうめ」と言い残したと伝わる。

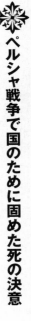

300人の同志と運命をともにする

レオニダス1世はギリシャ中東部に位置するテルモピュライでペルシャ軍を迎え撃った。山と海に挟まれた地形を活用し、敵軍を狭い場所に誘導。ペルシャは、精鋭兵を絶え間なく補充する不死部隊を投入したがスパルタのファランクス（重装歩兵による槍と盾の密集隊形）を破ることができなかった。

するとペルシャ軍は、地元民を買収して抜け道を見つけ、ギリシャ連合軍の背後に回り込んだ。囲まれたギリシャ連合軍は大多数が撤退。残ったのはスパルタ兵300のほか千人余りであった。しかし、ペルシャに降伏を打診されたレオニダス1世は「来たりて取れ《モーラン・ラベ》」と返した。

スパルタの兵たちは武器が壊れれば素手で、腕が動かなければ噛みついて戦った。たまらずペルシャは近接戦闘をやめ、弓矢による攻撃を開始。レオニダス1世を含むスパルタの兵たちは戦い抜いた末に全滅したのだった。

この活躍を中心に描いた映画『300』では、テルモピュライの戦いをドラマチックに魅せている。

Alexandros III

アレクサンドロス3世

国 マケドニア

生没年 前356年～前323年

地位 王

別称 アレキサンダー大王、アレクサンダー、イスカンダルなど

大帝国を手中に収めた不敗の王

マケドニアの王。先王フィリッポス2世の息子で、父が暗殺されたため若干23歳で王となり、東方遠征を引き継いだ。10年にわたって周縁諸国へ突き進み、ファラオ（エジプト王）、そしてペルシャ王となる。若く野心に燃える王はさらなる遠征を画策するが、病に倒れて落命する。人生において、一度も敗北しなかったという。

ブケファラス

アレクサンドロス3世の愛馬。白い斑点のある黒毛の馬であったとされる。誰も手のつけられない暴れ馬だったが、13歳のアレクサンドロス3世が手懐け、自分の馬とした。東方遠征にも連れて行った。

アリストテレス

万学の祖の異名をもつ、多分野に精通した哲学者で、アレクサンドロス3世の教育係。アレクサンドロス3世に知識を与え、好奇心を養うことに貢献した。

父との微妙な関係と母の執念深い愛情

アレクサンドロス3世の父はギリシャ神話の英雄を祖とし、アレクサンドロス3世自身も英雄アキレウス［→P34］に憧れていたという。父王フィリッポス2世は息子に哲学者アリストテレスという最高の教育係をつけ、充分な教育を施す。しかし、母オリュンピアスに対する扱いが悪いことを理由にアレクサンドロス3世は父を嫌い、父子の間に溝ができた。母もまた「息子はフィリッポス2世ではなく全能の神ゼウスから授かった」と主張した。

このような家族関係であったため、後継の際もスムーズではなかった。フィリッポス2世が新たな妻をめとって男子をもうけ、アレクサンドロス3世は私生子であると言ったため、王位継承が危うくなったのだ。そんな最中、フィリッポス2世は暗殺され、新妻も自害、その子どもたちも殺害された。犯人は母オリュンピアスだといわれているが、真相は不明だ。

とどまることを知らない遠征への熱意

王となったアレクサンドロス3世は、父の悲願であった東方遠征を引き継ぎ実行に移した。紀元前333年、イッソスの戦いでペルシャ王ダレイオス3世［→P186］と戦い勝利を収めると、次いで地中海東岸のフェニキアを制圧。ここを足がかりにエジプトを征服した。その後さらなる大軍を引き連れたダレイオス3世と再戦し、一時追い詰められたアレクサンドロス3世だったが、ダレイオス3世が自らの部下ベッソスに暗殺されたことで、ペルシャは崩壊。アレクサンドロス3世はペルシャの王として君臨した。

アレクサンドロス3世はペルシャ制圧を成し遂げても満足せず、さらに東へ侵攻。しかし疲弊した兵からの懇願により、一度引き返すことになる。遠征を諦めてはいなかったアレクサンドロス3世だったが、叶わず、多数の戦傷と病のため32歳でこの世を去った。死因はマラリアなど諸説あるが、2019年にオタゴ大学の医学博士が、ギランバレー症候群でないかとする見解を出した。

荒俣宏の小説『幻想皇帝　アレクサンドロス戦記』と、これを原作としたアニメ『アレクサンダー戦記』は、少しの脚色をしつつ史実に沿ってアレクサンドロス3世の活躍が描かれており、不敗の王の生涯を追うことができる。

エウメネス

Eumenes

国 カルディア、マケドニア、カッパドキア
生没年 前362年?～前316年
地位 書記官、騎兵指揮官

後継者戦争に巻き込まれた「祖国を追われた者」

著述家プルタルコスによると、エウメネスは「祖国を追われた者」だという。出生地がカルディアであること以外、触れられておらず、彼の前半生はわかっていない。なんらかの理由で祖国を追われたエウメネスは、マケドニア王フィリッポス2世と親しくなり、書記官の地位を得た。フィリッポス2世が暗殺され、息子アレクサンドロス3世［→P66］が即位したあとも、そのまま継続して書記官を務めた。アレクサンドロス3世の東方遠征の最中は騎兵指揮官に就任。軍事分野においても活躍したと思われるが、詳しくはわかっていない。

アレクサンドロス3世が死去すると、エウメネスはマケドニアの支配が及ん

でいないカッパドキアの太守に任命される。エウメネスは友人である将軍アンティゴノス［↓P72］に断られたため、マケドニアの実質的な指導者である摂政ペルディッカスの支援を受けて、この地を制圧した。アレクサンドロス3世の後継者を巡る後継者戦争《ディアドコイ》が発生し、ペルディッカスが将軍アンティパトロスと対立すると、エウメネスは恩義からペルディッカスに与することに。しかし当のペルディッカスが暗殺されたことでエウメネスは孤立、友人アンティゴノスに敗れ、包囲された。すると今度は敵将が病死し、その地位を巡る争いが発生。エウメネスは後継者候補の一方から協力を受け、包囲を抜け出した。再びアンティゴノスと戦うことになったエウメネスは、一度は引き分けたものの味方の裏切りで捕らえられる。アンティゴノスは、一時は親交のあったエウメネスを生かそうとしたが、部下の反発を受けた。それでも手にかけられなかったため、餓死させようとしたアンティゴノスだが、彼の知らぬうちにエウメネスは何者かに殺された。アンティゴノスは彼を弔い、遺骨を妻に届けたという。

岩明均による漫画『ヒストリエ』は、エウメネスを主人公とし、彼の活躍が史実と創作を交えながら生き生きと描かれている。

Antigonus

アンティゴノス

国 マケドニア、フリュギア
生没年 前382年～前301年
地位 後継者、王
別称 モノフタルモスなど

アレクサンドロス3世の最有力後継者

アレクサンドロス3世［→P66］の配下で、小アジアのフリュギア太守を任されていた。アレクサンドロス3世が死去し、後継者を巡って後継者戦争が勃発すると、エウメネス［→P70］を倒し小アジア全体を掌握。のちバビロニアも手に入れ、王位を宣言。アンティゴノス朝を開く。アレクサンドロス3世の死で分裂したマケドニアの再統一を目指した。

モノフタルモス

アンディゴノスのあだ名で、隻眼を意味する。アンティゴノスが描かれたコインが見つかっているが、右向きで描かれていたことから、左目が見えなかったと考えられる。

友人と争うことになった運命の決断

アンティゴノスの名が歴史上に登場するのは、アレクサンドロス3世がペルシャと戦ったグラニコス川の戦いのあとである。アンティゴノスはフリュギア太守として小アジアに残り、攻めてきたペルシャを3度にわたって防衛した。

アレクサンドロス3世の死後、アンティゴノスは引き続きフリュギア太守を任された。この頃、カッパドキア太守に命じられた友人エウメネスに援軍を請われ、断っている。親しい友人に手を貸さなかった理由は、エウメネスが競争相手になることを恐れたからだと考えられている。エウメネスは結局、アレクサンドロス4世（アレクサンドロス3世の死後にうまれた王子）の摂政ペルディッカスから援助を受けたが、これが友人であったふたりの運命を左右した。

やがて後継者戦争が起こると、アンティゴノスと友人エウメネスは敵同士となり、その後も敵対し続けた。しかし最後はアンティゴノスがエウメネスを捕らえ、小アジアを吸収。この時アンティゴノスは、エウメネスを生かそうとしたが、エウメネスから痛手を食らった部下が納得せず、仕方なく餓死刑にしようとするが、知らぬ間にエウメネスは暗殺された。アンティゴノスはエウメネスのために盛大な葬儀を行い、丁重に弔った。

王国再統一の夢、儚く散る

後継者戦争の最中にペルディッカスは部下セレウコス［→P78］に暗殺され、アンティゴノスの上司は病死。こうして彼は、アレクサンドロス3世の後継者の中で最大の勢力を有することになり、分裂した国の再統一を目指し、エジプトのプトレマイオス［→P76］や、バビロンのセレウコスと戦うことになる。

紀元前306年、アンティゴノスの息子がプトレマイオスに大勝。これをきっかけにアンティゴノスは息子とともにマケドニア王位に君臨した。これに対しほかの後継者も王を称しはじめ、エジプト王プトレマイオス、シリア王セレウコス、アナトリア王リュシマコスらほかの後継者たちは対アンティゴノス同盟を結成。前301年イプソスの戦いで敵対同盟と戦った際、アンティゴノスは投槍を受けて戦死した。後継者の中でも最大勢力であったアンティゴノスとその息子の死により、王国の再統一は絶望的になった。

Ptolemaios

プトレマイオス

国 マケドニア、エジプト
生没年 前367年～前282年
地位 後継者、ファラオ

激しい後継者戦争を生き延びる

貴族の息子で、子どもの頃からアレクサンドロス3世〔→P66〕の側近のひとりであった。また哲学者アリストテレスの学園で、アレクサンドロス3世とともに学んだ親しい学友のひとりでもある。アレクサンドロス3世の即位後も側に仕え、東方遠征にも従軍。エジプトの太守となった。

アレクサンドロス3世が病没すると後継者を名乗りあげ、マケドニアの実権を握る摂政ペルディッカスと対立。ペルディッカスもプトレマイオスを討つべく進軍するが、その最中に部下セレウコス〔→P78〕を失望させ、暗殺された。

その後、後継者として名乗りをあげていた将軍アンティゴノス〔→P72〕が、ペルディッカス派のエウメネス［↓P70］に勝つなどし、後継者の中で最大勢力となる。プトレマイオスはアンティゴノスと争うが一度休戦し、後継者となったバビロンのセレウコス討伐に集中。この休戦中にプトレマイオスはさらに勢力を拡大させたため、アンティゴノスから敵視され休戦は撤回される。紀元前306年、プトレマイオスはアンティゴノス軍に敗れた。これを機にアンティゴノスが王位を宣言すると、プトレマイオスも対抗して王を名乗り、本拠地エジプトにプトレマイオス朝を開いた。

勢いに乗るアンティゴノスと戦うため、プトレマイオスはかつて敵対していたセレウコスや、リュシコマスらほかの後継者たちと同盟を結成。アンティゴノスを戦死させると、今度はリュシコマスと結び、セレウコスに対抗した。このようにプトレマイオスは巧みな処世術で後継者戦争を生き抜き、天寿をまっとうしたのだ。

プトレマイオスは内政にも力を入れており、なかでも大規模な王立研究施設ムセイオンをつくったことはよく知られている。ムセイオンはアルキメデス［↓P80］ら学者同士の交流をうみ、学問発展に貢献したとされる。

Seleucus
セレウコス

国 マケドニア、バビロン
生没年 前358年～前281年
地位 後継者、王
別称 ニカトール（勝利王）

最大の敵ペルディッカスを倒した勝利王

セレウコスはアレクサンドロス3世〔↓P66〕のもとで重騎兵として仕えた。アレクサンドロス3世は国内平定のため家臣の男性たちと征服した地域の女性を集団結婚させた。セレウコスもこの時に妻アパメーを得る。集団結婚させられた家臣の多くがのちに離婚しているが、セレウコスはアパメーと添い遂げた。

アレクサンドロス3世が病没するとマケドニアの実権を握る摂政ペルディッカスにつき、ペルディッカスに対抗するエジプト太守プトレマイオス〔↓P76〕らと戦うために遠征する。しかしその最中、ナイル川を渡るのに失敗したペルディッカスに失望。同陣営の将軍たちと結託して、ペルディッカスを暗殺した。

その後セレウコスはバビロン太守として地位を安定させる。しかし最有力後継者アンティゴノス［→P72］がマケドニアの再統一のため、勢力を拡大させると、セレウコスも狙われ一時バビロンを離脱。そこでセレウコスはプトレマイオスと手を組み、アンティゴノスの子デメトリオスを討伐、バビロンを取り戻す。バビロンの住民もセレウコスを歓迎し協力したという。

するとこ今度はプトレマイオスが勢力を拡大。このため、アンティゴノスはプトレマイオスとの戦いに集中することとなった。この間にセレウコスもシリア王に即位し、勢力拡大のためインドに進出。インドのマウリヤ朝の王チャンドラグプタと協定を結んで、戦力を得た。プトレマイオスらと対アンティゴノス同盟を結ぶと、ついにイソプスの地で宿敵アンティゴノスを倒す。

紀元前282年頃、プトレマイオスの息子ケラウノスが助力を請いに来た。彼は父と対立し、身を寄せた先のアナトリア王リュシマコスのもとでも後継者争いに巻き込まれたという。セレウコスはケラウノスを同行させてリュシマコスを倒すが、マケドニア王の地位を狙うケラウノスに暗殺されたのだった。後継者戦争は泥沼と化し、マケドニアは衰退の一途をたどるのであった。

Archimedes

アルキメデス

国 シラクサ
生没年 前287年頃～前212年
地位 数学者、物理学者、天文学者など

現代人も恩恵にあずかる発明の天才

天才アルキメデスの存在は、以降の人類発展の速度に多大な影響を与えた。彼は数学者、物理学者、天文学者、そして発明家であり、いずれの分野においても現代にまで伝わる偉業を成し遂げた。

シチリア島の都市国家シラクサで、天文学者の息子としてうまれたアルキメデス。若い頃の記録は多くが失われており正確に伝わっていないが、エジプトのアレクサンドリアに滞在したことがあり、そこで多分野の学者と交流して知識を深めていたようだ。その後、故郷のシラクサに戻ったアルキメデスは、水をくみあげるポンプや投石機、プラネタリウムなどの開発のほか、てこの原理

や円周率（当時は３・１４１６）を発案した。

ある日、入浴していたアルキメデスは、風呂桶に体を沈めるとその分だけ水が増え、体が軽いと感じたことから、のちに「アルキメデスの原理」と呼称される浮力の原理を発見した。この時彼は、発見の喜びから風呂を飛び出し「発見した《エウレカ》」と叫んだという。この原理を用いて、シラクサ王の王冠に使われている金の純度を測定することに成功したとされている。

第二次ポエニ戦争でシラクサが戦場になると、アルキメデスの発明は島の防衛に大いに貢献。アルキメデスはレンズで太陽光を集め、その熱で敵船を燃やしたという真偽不明の伝説が残っているが、彼の発明がローマ軍を苦しめたことは事実であり、都市攻略に巧みなローマ軍指揮官をもってしても、シラクサを落とすまでに2年以上かかったという。兵士の間にも、アルキメデスの名は恐れる対象として知れわたっていた。

しかしついに、ローマ軍がシラクサに侵入。兵士に囲まれたアルキメデスは「学問の邪魔をするな」と言い放った。兵士はこれに機嫌を損ね、アルキメデスを殺すなと命令されていたにもかかわらず、殺してしまったのだった。

都市国家の中でも極めて隆盛したアテネのアクロポリス（ギリシャ）

4章
王政・共和政ローマの英雄

Romulus / Remus

ロムルス／レムス

時代 王政ローマ
生没年 前771年～前717年／前771年～前753年
別称 （ロムルス）アルバ王など

牝狼に育てられたローマ建国の祖

ローマ建国神話に登場する双子の兄弟。軍神マルスを父にもつ。王位を巡る争いに巻き込まれ、赤ん坊の時にテヴェレ川に捨てられてしまう。しかし、牝狼の乳で生き長らえることができた。成長した双子は新たな都市を建設しようとするが、どちらが王になるかで兄弟喧嘩に。実の弟レムスを殺害した兄ロムルスが初代ローマ王となった。

ローマ

「ローマ」の名は、初代ローマ王となったロムルスの名前にちなんでつけられた。国家として誕生した日が紀元前753年４月21日と伝えられ、この日がローマの建国記念日とされる。

ロムルスの槍

ロムルスがローマ建国の宣言とともに槍をパラティヌスの丘に突き刺したところ、槍から根が生えて大樹に成長。その大樹はローマを見守り続けたという。

ローマのシンボルとなった牝狼の乳を飲む双子

ローマ建国神話によると、ローマはロムルスとレムスという双子によって建国された。このふたりを巡る伝説はトロイア戦争までさかのぼる。

トロイアの英雄アイネイアス［↓P48］は、トロイア陥落により新天地を求めてイタリア半島中部にやってきた。その末裔である王ヌミトルは、弟アムリウスに王位を奪われてしまう。ヌミトルの血筋を残さないよう娘レア・シルウィアは巫女として出家させられた。ところが彼女のもとに軍神マルスが現れふたりは結ばれる。この時うまれた双子がロムルスとレムスだ。

アムリウスは双子を取りあげてテヴェレ川へ流してしまう。しかし、双子はイチジクの枝に引っかかって一命をとりとめ、牝狼の乳によって生き長らえたのち羊飼いに保護された。成長した双子は、偶然に祖父ヌミトルに出会い、自分たちの出生の秘密を知ると、双子は宿敵アムリウスを殺害し、王の座を祖父の手に戻したのだった。

ローマを害する者は弟でも容赦しなかったロムルス

復讐を果たしたロムルスとレムスは、かつて自分たちが捨てられた場所に都市を建設しようと決意。ところが、どちらが王になるかで争うようになり、ロムルスはパラティヌスの丘に、レムスはアウェンティヌスの丘にそれぞれ都市を建設した。ロムルスが新しい都の聖なる城壁を定めるため、儀式にのっとって線を引きはじめると、レムスは境界を飛び越えて兄を嘲った。この侮辱に怒ったロムルスは自らの手で弟を殺害。弟の亡骸を前に「ローマを攻撃する者はだれでもこのように滅びるように！」と宣言したのだった。一方で、弟の亡骸をきちんと埋葬したという。

こうしてふたつの都市はローマとして統一され、ロムルスが初代ローマ王に君臨。ロムルスはその後、ローマ元老院を創設し40年近く統治した。だがある日、突然姿をくらましたという。神となって天国へ行ったとする説もあれば、不満をもった元老院議員らによって暗殺され、その遺体は都中にばらまかれたとする説もある。

Titus
ティトゥス

フルネーム　ティトゥス・タティウス

時代　王政ローマ
生没年　不明
地位　サビニ人の王、ローマ王

妻や娘を取り戻そうとローマに戦いを挑んだ王

ティトゥスはローマ建国神話に登場するサビニ人の王で、ロムルス［→P84］とともにローマを共同統治したローマ王でもある。しかし、共同統治に至るきっかけは、とんでもないものだった。ロムルスによって建国されたローマは、当初は男性が大半を占めていた。しかも、新しい街に人を住まわせるため、逃走中の奴隷やならず者も受け入れていた。男ばかりでは一向に子孫を増やすことはできない。そこでロムルス王は一計を案じた。

ロムルス王はローマの近隣に暮らしていたサビニ人を祭りに招待し、大勢の人々を招き入れた。そして、宴が盛りあがった頃合を見計らい、ローマの男たちは一斉にサビニの女たちに襲いかかり、そのまま拉致してしまったのだ。ロムルス王も略奪した女とすぐに結婚してしまったという。

これにはサビニの男たちも怒り心頭。女たちを取り戻すためローマと戦争になった。この時、大軍を率いてローマに攻め込んだのが、サビニ人の王ティトゥスだ。激戦を繰り広げながら、ついにサビニ軍はローマ市内に侵入。この時サビニ軍の前に飛び出してきたのは、なんと略奪された女たちだった。彼女たちは助けを求めたのではなかった。かつての夫や兄弟、実父であるサビニ軍と、今の夫であるローマ軍が争うのを止めようとしたのだ。

必死に和平を訴える女たちを前に矛を収めざるを得なかったティトゥスたちサビニ軍はローマ軍と和解、ローマはサビニ人を取り込むことで人口を増やすことに成功した。ティトゥスはロムルスとローマを共同統治することとなり、その後サビニ人から2代目、4代目ローマ王が即位している。

ちなみに欧米では結婚すると新郎が新婦を抱きあげて新居の敷居をまたぐ風習がある。この「お姫様抱っこ」の起源はローマ人による花嫁強奪事件からはじまったといわれる。なんとも物騒なルーツなのだ。

Lucretia
ルクレティア

時代 王政ローマ
生没年 ?～前509年
地位 軍人の妻
別称 ルクレツィアなど

王政に幕を引かせた悲劇のヒロイン

ローマが王政から共和政になる契機をつくったとされる女性。ローマ軍人の妻である彼女は、ローマ王子セクトゥスに凌辱されたあと、一部始終を夫たちに打ち明け、自ら死を選び高潔さを証明した。この事件で圧政を敷いていた王家への反感が頂点に達し、王家は打倒された。彼女の高潔な姿は多くの文学・美術作品の主題となっている。

ルキウス・ユニウス・ブルトゥス

ローマ王家を追放し、共和政を敷いて初代執政官《コンスル》となった人物。若い頃はわざと愚鈍を装い、危険分子への粛清の嵐が吹き荒れるなか、粛清を逃れることに成功。ルクレティアの告白を聞くと王家に対する反乱の主導権を握り、王家を打倒した。ちなみに約500年後にカエサル[→P120]を暗殺したブルトゥス[→P124]の祖先でもある。

2020

王家を揺るがしたルクレティアの悲劇とは？

王政ローマ末期、当時のローマは繰り返しエトルリア勢力から侵攻を受け、エトルリア出身の王も出てきた。7代目のローマ王タルクィニウス・スペルブスもそのひとりで、王一族は民に暴虐を行ったという。

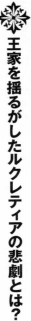

ルクレティアの夫コラティヌスは、王子セクトゥスが率いる軍隊に所属していた。戦争の合間に酒宴が開かれた時、夫たちの妻自慢がはじまった。いかに自分の妻がすばらしいかを口々に述べ立てると、見かけの美しさだけでなく貞淑さや品行方正さに話が及んだ。「では、急いで帰って妻たちがどんな振る舞いをしているか見てみよう」と酔った男たちが馬を飛ばして家に戻ると、彼らを待っていたのは夫の留守に遊び呆けている妻の姿。しかし、ルクレティアだけは夫の帰りを待ち望み、質素でしとやかな生活を送っていた。

ルクレティアの美しく貞淑な姿を見た王子は、ルクレティアの夫に対して嫉妬心を燃やした。夫がいないことを確かめてからルクレティアのもとを訪れた王子は、強引に宿泊すると寝室に忍び込み、剣を片手に関係をもつように脅迫。激しく拒むルクレティアに対し、「これ以上拒めば、奴隷をここに連れてきて殺し、貴女も殺す。そうすればふたりは姦通関係にあったと噂が広まるだろう」と脅した。ルクレティアはなすすべもなく身を委ねるしかなかった。

ルクレティアの高潔な最期が民衆の怒りを呼び覚ます

後日、夫と父親、そして父親の親友ブルトゥスを呼んだルクレティアは暴行の一部始終を打ち明けた。彼女に罪はないと夫たちは慰めたが、ルクレティアは「罪はまぬがれても罰からは逃げません」と言い放ち、短剣を胸に突き刺して自ら死を選んだ。一身を賭して自身の高潔を証明したのだ。

この事件をきっかけに、ローマ人の間に強くあったエトルリア王家に対する反感に火がついた。告白の場に居合わせたブルトゥスが主導権を握り、王家に対する反乱が勃発。王家は追放され、ローマは共和政へと移行するのだった。

ルクレティアやこの事件の実在性は不確かだが、ルクレティアは貞淑な女性の象徴として、多くの芸術作品の主題となっている。絵画作品における彼女は今にも胸に短剣を突き刺さんとする姿で描かれることが多い。

Cincinnatus
キンキナトゥス

フルネーム　ルキウス・クィンクティウス・キンキナトゥス

時代 共和政ローマ
生没年 不明
地位 政治家、執政官、独裁官

アメリカ初代大統領もリスペクトした理想的指導者

キンキナトゥスは、アメリカ合衆国初代大統領ジョージ・ワシントンが理想としたという、共和政ローマの伝説的な政治家だ。

共和政がはじまったばかりのローマでは貴族から選出される元老院と、平民贔屓の提案をする護民官が対立していた。ある時、元執政官キンキナトゥスの息子カエソは護民官を襲撃。広場から追い出してしまった。処罰は免れられず、キンキナトゥスは保釈金を要求された。すると、彼は全財産を処分して保釈金にあて、自分は街はずれの粗末な家に移り住んだのだった。

ところが、近隣部族との戦いが続いていたローマでは、ふたりいる執政官のうちひとりが戦死し、もうひとりが敵軍に陣営を包囲されてしまった。こうした危機的状況に対処するため、独裁官《ディクタトル》に選ばれたのがキンキナトゥスだった。迎えの使者がキンキナトゥスのもとへ訪れると、彼は小さな農地で農作業をしていたという。一度政界を去った彼にとって、独裁官の地位は喜ばしいものではなかった。しかし、ローマを見捨ててはおけない。しぶしぶ妻に別れを告げてローマに向かうと、大軍を編成して出撃。味方の陣営を包囲する敵軍に夜襲をかけ、あっという間に壊滅させたのだった。

ローマに凱旋したキンキナトゥスは栄誉ある黄金の冠を授けられたが、すぐに独裁官の地位を返上。実際に独裁官として権力を行使したのはわずか16日間だったという。行政・軍事・司法の全権を一手に握る独裁官はあくまで非常時の措置であり、長く務めることは共和政に弊害があると考えたのだろう。キンキナトゥスはその後田舎へ戻り質素に暮らしたというが、80歳を超えて再び請われて独裁官に就いたという説もある。

冒頭に紹介したジョージ・ワシントン大統領は、キンキナトゥスにならって独立戦争後に自ら陸軍最高司令官を退き、農園を営んだという。

Camillus

カミッルス

フルネーム　マルクス・フリウス・カミッルス

時代 共和政ローマ
生没年 前447年頃～前365年
地位 軍人、政治家、執政官、独裁官
別称 カミルスなど

強敵を退けローマを護った「第二のローマ建国者」

共和政ローマ初期の軍人であるカミッルスは、ロムルス［↓P84］に次ぐ「第二のローマ建国者」と称賛される人物だ。共和政ローマでは重大な危機に直面した時、半年任期の独裁官が指名され、ひとりで国家を導く。カミッルスは何度も独裁官に就任し、ローマを救うことになる。

紀元前5世紀末、エトルリアの脅威にさらされていたローマは、最もローマに近い都市ウェイイに攻勢をかけるが10年もの苦戦が続いた。そこで独裁官に任命されたのがカミッルスだ。カミッルスは、足に突き刺さった槍を引き抜いて敵陣に突っ込んだという勇猛さから人々の敬意を集めていた。カミッルスは

さっそくウェイイの心臓部であるユノ神殿の真下まで地下道を掘らせた。戦いがはじまると、神殿の床が崩れてローマ兵が出現。ウェイイは陥落し、ローマの領土は4倍にもなった。ところが、カミッルスの輝かしい武勲に妬むものが続出。ファレリイとの戦いでは無血開城させたことで、略奪目的のローマ兵から不満がもれることに。ついには戦利品でうまい汁を吸ったという噂まで出たため、高潔なカミッルスは祖国ローマを捨てる決意をするのだった。

しかし、カミッルスが去ったローマに未曽有の危機が訪れる。ガリア人がローマの内部にまで侵攻し、7カ月もの間占領したのだ。国家崩壊の危機に追い詰められたローマ人は、藁にもすがる思いで亡命していたカミッルスを呼び戻した。ローマはガリア人に金を払うことでローマからの撤退を依頼するつもりだったが、カミッルスはこれをよしとしなかった。「ローマ人は金ではなく剣でお返しする」とカミッルスが言い放つと、戦意を呼び覚ましたローマ軍はガリア人をローマから追い出すことに成功。さらにカミッルスは、荒れ果てたローマを捨てて移住しようとする人々を説得し続けた。こうしてローマは再建され、救国の英雄は「第二のローマ建国者」となったのだった。

Appius
アッピウス

フルネーム　アッピウス・クラウディウス・カエクス

時代 共和政ローマ
生没年 前350年?～前273年
地位 監察官、執政官、法務官
別名 インフラ王、カエクス（盲目）など

狡猾で誇り高きローマの「インフラ王」

古代ローマは、芸術・宗教などのさまざまな分野が進化した時代であるが、「すべての道はローマに通ず」ということわざが示す通り、インフラ事業が劇的に進化した時代でもあった。特に有名なのが「アッピア街道」と「アッピア水道」だ。「アッピア街道」は軍用道路として整備され、ローマの繁栄に大きく寄与し、「アッピア水道」はローマ人の生活を支える水源となった。2つの名前からもうかがえるように、これらは共和政ローマ時代の政治家アッピウスの指揮でつくられた。

世紀の大事業を成し遂げたアッピウスは「インフラ王」の異名をもつほかに、

執政官などの役職を歴任。新興国であったローマを地中海世界の頂点へと押しあげた立役者のひとりと言えるだろう。そんなアッピウスは良くも悪くも不屈で頑固な人物であった。名門クラウディウス家は、代々弁舌に優れた家系で、アッピウスも他を圧倒する話術をもち、時に民衆を煽り、時に他人を欺いて出世街道を突き進んだ。有名なところだと、選挙で裏工作を働いて政敵を陥れたりもしている。このほかにも強引なエピソードが多いアッピウスだが、その持ち前の強引さがいい方向へと働いたこともある。

それは、紀元前280年よりはじまったピュロス戦争でのことだ。ギリシャの強国エペイロス王ピュロスの軍勢に、ローマは苦戦を強いられ、ピュロスから提案された講和条約を飲むか悩んでいた。この時、アッピウスはすでに引退していて、盲目になっていた。しかし、そんなことはお構いなしに、彼は元老院に乗り込み、「あんなピュロス風情の和平に応ずるとは何事なのか。ローマの名声を台無しにすること甚だしい」と、講和を全面拒否。アッピウスの演説で、誇りを思い出したローマ人たちは、眠りかけていた闘志を目覚めさせ、無事にピュロス一行をイタリア半島から追い出したのだ。

スキピオ

Scipio

フルネーム　プブリウス・コルネリウス・スキピオ・アフリカヌス・マイヨル

時代　共和政ローマ
生没年　前236年～前183年頃
地位　軍人、政治家、執政官
別称　大スキピオ、大アフリカヌスなど

名将ハンニバルを破った若き天才

第二次ポエニ戦争で敵将ハンニバル〔→P188〕と戦い、苦戦するローマに勝利をもたらした天才戦略家。ローマ軍が惨敗したカンナエの戦いを生き延び、その中で敵将ハンニバルの天才的な用兵を目の当たりにする。その14年後、ハンニバルが使った戦法を駆使してザマの会戦でカルタゴ軍に勝利。第二次ポエニ戦争を終結させた。

ポエニ戦争

地中海の覇権を巡りローマと北アフリカの大国カルタゴの間で行われた戦争。約100年の間に３度にわたって行われた。シチリア島で勃発した第一次は海上戦となり、辛くもローマが勝利。第二次はカルタゴの将軍ハンニバルがイタリアに侵入、ローマ軍を撃破したが、北アフリカのザマでスキピオのローマ軍に敗れた。第三次ではローマ軍がカルタゴを包囲して壊滅させ、地中海の覇権を確立した。

ハンニバルに鍛えられた？ 若き将校スキピオ

紀元前3世紀、地中海の覇権を巡って大国カルタゴとの戦争に乗り出したローマ。その前に強大な敵将ハンニバルが立ちふさがる。だが、ローマにも彗星のごとく天才戦略家が現れる。若き将軍スキピオだ。

名門貴族の家にうまれたスキピオは幼少の頃から評判がよく、ハンニバルとの戦いがはじまった頃はまだ十代の若者だった。父の指揮下で初陣を飾った時には、カルタゴ騎兵から父を救うという武勲をあげた。さらに、ローマ史上最大の惨敗といわれるカンナエの激戦にも参戦したという。かろうじて敗残兵とともに脱出するという屈辱を味わうが、この時、敵将ハンニバルの天才的な用兵を目の当たりにしたことが大きな運命の分かれ目となる。

スキピオはローマの常識を覆して二十代の若さで司令官に就任。敗戦続きによる人材不足に加え、スキピオに人を惹きつける魅力があったからだろう。合理的でありながら神がかり的なところもあったスキピオが「夢に現れた神が守護を約束した」と告げると、兵士たちの士気はあがったという。

天才戦略家同士が火花を散らしたザマの会戦

イベリア半島からカルタゴ軍を駆逐してローマに帰還したスキピオは、ただちにカルタゴ本国のある北アフリカに遠征。上陸して敵地を攻略するが、カルタゴ軍の奇襲により輸送船を破壊されてしまう。これを好機とばかりに敵将ハンニバルがイタリア半島から帰還。しかし、これこそスキピオの狙いだった。

前202年、ついにスキピオはハンニバルとザマで決戦の時を迎えた。カルタゴ歩兵による攻勢を味方の歩兵で防御しつつ、両翼に騎兵軍を配置。中央の歩兵軍同士の戦いは熾烈を極めたが、両翼を制覇した騎兵軍がカルタゴ歩兵軍の背後を突いたことで勝敗は決した。実はこの包囲殲滅の戦術は、ハンニバルがカンナエでとった奇襲作戦そのものであった。カンナエで辛い敗戦を経験した若きスキピオは、有能な勝者の戦術をとことん研究していたのだ。

ローマに凱旋したスキピオは「アフリカヌス」の尊称を授かるが、金銭スキャンダルで失意のうちに死亡。奇しくもハンニバルが自殺した同年であった（前年との説もある）。

Cato

カトー

フルネーム マルクス・ポルキウス・カトー・ケンソリウス

時代 共和政ローマ
生没年 前234年～前149年
地位 政治家、執政官、監察官
別称 大カトーなど

自他ともに厳しい政治家 弁舌で一国をも滅ぼした？

共和政ローマの政治家カトーは、平民から執政官にのぼり詰めた人物。弁舌に優れ、弁護士として多くの裁判で勝利した雄弁家としても知られる。また、ポエニ戦争の英雄スキピオ〔↓P100〕とは犬猿の仲だったことでも有名だ。

カトーは、第二次ポエニ戦争の遠征に参加せず、自分の農場で働き、農夫らと同じ皿の料理を食べるという質素な暮らしをしていた。30歳で選挙に当選して以来、執政官、監察官と次々に公職に就いたが、公金の無駄遣いも汚職とも一切無関係。公明正大であり、冷徹なほど正義を貫く人物だった。

清廉潔白を信条とするカトーは、「道徳の番人」であることを自認した。ある元老院議員は、娘の目の前で妻に口づけしただけで除名されたという。

そして、カトーが生涯敵対心を燃やしたのがスキピオだ。カトーとほぼ同い年のスキピオは、これまでのローマの慣習からすれば異例のスピードで出世していた。また、シチリア島で新兵訓練で、スキピオは土地の文化にならってギリシャ風の衣装で指揮にあたったという。この「ギリシャかぶれ」にカトーは立腹。誰よりもローマの伝統を重んじた保守主義者のカトーゆえに、スキピオのような革新者は許せなかったのだろう。帰国したスキピオに対し、使途不明金があったとして容赦なく告発し、表舞台から消し去ったのである。

晩年、カトーが執念を燃やしたのがカルタゴの滅亡だ。敗戦国カルタゴを視察した際、すでに復興しているのを目撃したカトーは、帰国後カルタゴから持ち帰ったイチジクを振りかざし、「この見事な果実が熟す国へは、たった3日の船旅で行けるのだ」と脅威をぶちまけた。以後、演説の最後にはどんな話題であれ、「それにしてもカルタゴは滅ぼされるべきである」と締めくくった。こうして第三次ポエニ戦争が勃発。ひとりの男の言葉をきっかけにカルタゴは滅ぼされ、その跡地には草木が生えぬよう塩までまかれたと伝えられている。

Cornelia

コルネリア

フルネーム　コルネリア・スキピオニス・アフリカナ

時代　共和政ローマ
生没年　前190年〜前100年
地位　グラックス兄弟の母、大スキピオの次女

次々と降りかかる不幸に毅然と耐えた「ローマ女性の鑑」

コルネリアは、第二次ポエニ戦争でローマを救った英雄スキピオ〔→P100〕の次女。第三次ポエニ戦争でカルタゴを滅ぼした小スキピオの姑にもあたる、名門中の名門のうまれ。だが彼女は「スキピオの姑よりもグラックス兄弟の母と呼ばれたい」と語ったほど、息子たちに期待をかけていた。

幼い頃、グラックス家に嫁ぐが、実際の結婚生活がはじまったのはコルネリア18歳、夫45歳ほどの時だった。年齢差はあったが結婚生活はとても幸せなものだったといい、ふたりの間には12人の子どもがうまれた。ところが、コルネリアには残酷な運命が待ち受けていた。なんと9人の子どもが早世、さらに夫

にも先立たれてしまったのだ。名門出身であるコルネリアのもとには多くの再婚話がもちあがった。中にはプトレマイオス朝のエジプト王からも声をかけられたが、コルネリアはすべて断り、子どもの教育に力を注いだ。

生き残った3人の子どものうちティベリウスとガイウスが、名高いグラックス兄弟だ。正義感に燃えたふたりは貧富の差が広がる社会にメスを入れ、庶民の立場に立った改革に乗り出した。しかし、このことから保守派貴族の反感を買い、兄ティベリウスは撲殺されテヴェレ川に投げ捨てられてしまった。兄の遺志を継いだ弟ガイウスは、妨害にもめげず改革を進めていった。母コルネリアはガイウスを支援したというが、その胸中は複雑だった。ガイウスに宛てたと伝わる手紙には、「お前の企てのせいで母が受ける辛苦以上の苦しみはありません」という切実な思いがつづられている。しかし、母の願いもむなしくガイウスも追い詰められて自害、兄と同じく死する運命をたどったのだ。

コルネリアは度重なる不幸に遭いながらも、気丈にふるまった。息子たちについて語る時でも涙や悲しみを見せることはなかったという。その姿は美しき良妻賢母、「ローマ女性の鑑《かがみ》」として後世に語り継がれることになった。

Marius

マリウス

フルネーム　ガイウス・マリウス・ガイウスフィリオ・ガイウスネーポ

時代　共和政ローマ
生没年　前157年～前86年
地位　政治家、軍人、執政官
別称　大マリウスなど

平民から実力で成りあがった軍人

共和政ローマ末期の平民出身の軍人。軍制改革を行い、無職の貧民を志願兵をとして採用。自らの軍団として強大な力を得る。キンブリ・テウトニ戦争で歴史的勝利を収めたことで栄光の頂点に。凄惨な権力闘争を繰り返し、「内乱の一世紀」と呼ばれる混乱をローマに引き起こした。ちなみに彼の妻は、カエサル［→P120］の伯母ユリアである。

『ユグルタ戦記』

北アフリカのヌミディア王ユグルタとローマの激戦を描いた作品。ユグルタ戦争では市民軍が弱体化していたためローマは苦戦。そこでマリウスが上司の指揮権を奪って軍制改革を行い、志願兵を率いてユグルタ軍を撃破。この勝利でマリウスの人気は高まったが、ユグルタ王を捕らえたのは副官スッラ[→P112]。その功績をマリウスに横取りされ、ふたりの間には不和が生じることになった。

ローマ軍の救世主か秩序の破壊者か？

共和政ローマが軍事的、社会的に追い詰められた時、彗星のごとく歴史の表舞台に登場したのがマリウスだ。田舎の平民出身であるマリウスは、政界入りした時には「新人《ノウス・ホモ》」と差別された。だが、マリウスは貴族出身でないことに引け目を感じるような男ではなかった。むしろ娯楽に満ちた都市よりも純朴な田舎出身であることを誇り、軍での規律ある生活を好む気質であったという。

長期戦となったアフリカ遠征を収束させ、意気揚々と帰国したマリウスは執政官に選出されると、ただちに軍制改革に着手。当時のローマ軍は徴兵による市民兵で、士気も低く慢性的な兵力不足にあった。そこで着目したのが都市にあぶれている無産市民。彼らを志願兵として採用し給料を払うことで兵力不足と士気の低下を解消したのだ。

職業的な軍人の育成に成功したマリウスは新たな軍を組織し、ゲルマン人との戦いに挑む。これより前、貴族の将軍がローマ軍を率いてイタリア北部に侵攻してきたゲルマン人を迎え撃ったが大敗北。ローマ市民の間でマリウスへの期待が高まると、前代未聞の5年連続執政官就任を果たし、キンブリ・テウトニ戦争でゲルマン人に大勝。まさにマリウスは栄光の頂点に立ったのだ。

歴代最多の執政官経験を果たした男の悲惨な末路

しかし、その栄光は長くは続かず、帰国したマリウスの軍人としての人気は、彼の元副官のスッラに及ばなくなっていた。マリウスは元老院の政権独占に不満をもつ人々の支持を受け民衆派の代表的存在となると、元老院に与するスッラと対立。死闘を繰り返した結果、「内乱の一世紀」がはじまった。

晩年のマリウスは猜疑心が強くなり、少しでも疑わしい行動をとる者を容赦なく処刑した。マリウスに挨拶して返事がなければ処刑される予兆として、友人すらも挨拶をためらったという。生涯で7回もの執政官就任という栄華を極めたが、復讐に怯えつつ病死。マリウスの遺灰は、宿敵スッラによって掘り起こされ、魂の復活を避けるためテヴェレ川にばらまかれたという。

ちなみに、マリウスが7回も執政官に選出されたのは、彼が幼い頃、7羽の雛がいる鷲の巣を見つけたことが吉兆になったからだという。

Sulla

スッラ

フルネーム　ルキウス・コルネリウス・スッラ・フェリクス

時代 共和政ローマ
生没年 前138年〜前78年
地位 政治家、軍人、執政官、独裁官
別称 スラなど

目的のためには手段を選ばない、自称「幸運な男」

「味方にとってはスッラ以上に良きことをした者はなく、敵にとってはスッラ以上に悪しきことをした者はなし」——この言葉はスッラ自ら考案し墓碑に刻ませたという言葉だ。彼は平民出身のマリウス［↓P108］と権力闘争を繰り返し、この言葉通り敵と味方を峻別しローマを血で染めあげた。

スッラは貧乏貴族の出身だが、長身に金髪碧眼の容姿で冗談好きというスマートな面をもつ伊達男。資産家の娼婦に貢いでもらい身を立てたという。表舞台に出てきたのはユグルタ戦争の時。マリウスの副官に就いたスッラは、敵のヌミディア王を捕らえるという大手柄を立てた。しかしマリウスの妬みを買

ったことでふたりは反目するようになり、政敵として対立していく。

執政官となったスッラはミトリダテス戦争のため東方へ遠征するが、これに異を唱えたのが老齢のマリウス。「軍を率いるのは自分しかいない」と、スッラが留守のローマでクーデターを起こし元老院に指揮権を認めさせてしまった。これを聞いたスッラは軍を率いて〝ローマに進軍する〟という暴挙に出る。圧倒的な武力で容赦なくローマを制圧し、マリウス一派は敗走。しかし、再びスッラが遠征に赴いている間に内乱は再燃。対外戦争を片付けたスッラはまたもやローマを制圧し、100年以上置かれていなかった独裁官に無任期で就任した。ここから彼の大虐殺がはじまる。処刑すべき人々を公表し、彼らをかくまった者は親兄弟といえど死刑に。この時の「処刑者リスト」にはカエサル［↓P120］の名もあったが、助命嘆願により辛うじて死刑を免れている。

ところが、スッラは突然独裁官を辞任。彼にとって重要なのはローマの政治を伝統的な共和政に戻すことで、そのための手段としての専制政治だったのだ。自らを「幸運な男《フェリクス》」とあだ名した男は、内乱と対外戦争を同時に抱えながら最終的に両方で大勝利するという、異例の成果を収めたのだった。

Cicero

キケロ

フルネーム マルクス・トゥッリウス・キケロ

時代 共和政ローマ
生没年 前106年～前43年
地位 政治家、執政官、哲学者

口は災いのもと？　古代ローマ随一の雄弁家の悲惨な最期

「カティリナ裁判」の名弁論によってローマの危機を救い、「祖国の父」の称号を贈られたキケロ。彼の演説家としての才能や文筆活動はローマ文化に多大な影響を与えた。しかし、その優れすぎた弁舌で身を滅ぼすことにもなった。

若い頃から自信家で野心もあったキケロは「いつかキケロ家の名をスキピオ家より有名にしてみせる」と豪語していたという。キケロは出自ではなく功績に応じて権力を握るべきだと考えていた。ただし、キケロが身を立てようとしたのは軍事方面ではなく学問。有力者の側近が起こした金銭問題に関する裁判で弁護を行い、これに勝訴したことで一躍その名を世に知らしめた。

そしてキケロは、国家の危機となるカティリナ陰謀事件に直面する。没落した貴族カティリナは、不平貴族や下層民を煽動してクーデターを計画。市民の借金を帳消しにするという公約を掲げ、執政官選挙に立候補した。キケロはその危機に気づき、対立候補として立候補。巧みに弁舌を繰り広げ、見事執政官に当選した。カティリナはキケロを暗殺しようとするが失敗。キケロは弾劾裁判で告発演説を行い、その美しい名演説は後世に語り継がれることになった。

こうして国家転覆の陰謀を暴き一躍英雄となったキケロは、豪邸や別荘をいくつも構える実力者に。しかしローマの政治は第1回三頭政治に入りつつある微妙な時期。敵を増やすような言動が多いキケロは自滅していく。

カエサル［→P120］の暗殺後、後継者アントニウスを弾劾した際、協力者オクタウィアヌス［→P134］を侮蔑したことで、恨みを買ったのだ。キケロは属州に逃げ込むも、刺客によって殺害されてしまう。それも駕籠に乗り顔を出していたところ、首を斬られるという無惨な殺され方だった。キケロの首と右手はローマでさらされ、それを見たアントニウスの妻はキケロの舌に針を刺したという。

Pompeius

ポンペイウス

フルネーム グナエウス・ポンペイウス・マグヌス

時代 三頭政治期
生没年 前106年～前48年
地位 政治家、軍人、執政官
別称 大ポンペイウスなど

カエサルの登場により転落した常勝将軍

カエサル［→P120］が現れるまで、ローマ市民にとって英雄といえばポンペイウスだった。勇猛英邁なポンペイウスは23歳の若さで、長く続いていた内乱を収め、その後も参戦したすべての戦で勝利。しかも捕虜に対して寛大な処置を行い、結果的に莫大な利益をローマにもたらしたことから、民衆は彼を手放しで支持した。閥族派リーダーでポンペイウスの上司だったスッラ［→P112］は彼に「マグヌス（偉大な）」の称号を与え、歴史家プルタルコスはポンペイウスを「アレクサンドロス大王［→P66］に匹敵する幸運を得た人物」と評したほどだ。しかし、ここまでが彼の人生の絶頂期であった。

根っからの軍人で世渡り下手だったポンペイウスは、彼を敵視する元老院の妨害を受けて徐々に立場を失っていく。そんな彼に協力したのがカエサルだ。ポンペイウスはカエサル、クラッススと協定を結び、三頭政治を開始して政権を掌握することに成功した。しかし類いまれなカリスマ性で民衆の人気を吸い寄せていくカエサルに、ポンペイウスは恐れと嫉妬を抱く。そんな中、カエサルの娘でポンペイウスの妻となっていたユリアが死去。さらに元老院たちにそそのかされ、ポンペイウスはついにカエサルに対峙した。はじめこそ優勢だったが、ファルサロスの戦いでカエサル軍に押し負け、敗走。ポンペイウスは友好関係にあったエジプトに逃れるも、カエサルの力に怯えたエジプト王プトレマイオス13世の刺客により暗殺された。

ポンペイウスを追ってエジプトに着いたカエサルへ、王の使者がポンペイウスの首を運んできた。かつての英雄であり、同胞だった男の悲劇的な末路を知ったカエサルは、使者を殺害するとその首をかき抱き、涙を流したという。

しかしそのカエサルも、ポンペイウスが建設した「ポンペイウス劇場」内で襲撃され、ポンペイウス像の前で息絶えるという皮肉な最期を遂げるのである。

Spartacus
スパルタクス

時代 三頭政治期
生没年 ?〜前71年
地位 奴隷、剣闘士
別称 スパルタカスなど

10万人の奴隷とともにローマに反逆した剣闘士

ハリウッド黄金期を築いた名優カーク・ダグラス。アカデミー名誉賞を受賞した彼の代表作が映画『スパルタカス』（1960年）だ。ひとりの剣闘士が自由を求め反旗を翻し、強大なローマ軍に立ち向かう、というファンタジーのようなヒーロー譚だが、実在した剣闘士スパルタクスの人生を脚色したものだ。

剣闘士とは剣術訓練を受けた奴隷のことだ。スパルタクスの出自は諸説あり、羊飼いとも王族出身とも言われ、何らかの理由で奴隷身分に落とされたらしい。歴史家プルタルコスは著作『英雄伝』の中で、スパルタクスは勇気と力、そして知恵があり、温和な性格で、ある巫女（妻とも）が彼のことを「偉大な勢力となるも不幸な結末になる」と予言した、と綴っている。

紀元前73年、スパルタクスは厨房から肉切り包丁や串を盗むと、70人の奴隷とともに剣闘士養成所を脱出。彼に共鳴して集まった1万人以上もの奴隷たちを率いて、ヴェスヴィオ山に陣取った。ローマ側は当初、この反乱に対して真剣に取り合わず、経験不足の将校を送って鎮圧に臨んだがあっさりと敗北。スパルタクスに賛同する者は10万人以上にも達した。ローマ最大の危機と慌てたローマ軍はクラッスス将軍を出陣させ、スパルタクス軍を南イタリアに包囲。スパルタクスは「負ければ必要ない」と自らの馬を斬り殺して退路を断つと、決戦に臨んだ。敵に囲まれ、負傷してもなお盾をかかげ、激しく斬り合ったが、致命傷を負ってついに絶命。捕らえられた何千人もの仲間たちは見せしめのため、アッピア街道沿道に磔《はりつけ》にされたのだった。

前述のカーク・ダグラス主演映画ではスパルタクスも磔にされており、キリスト（救世主）を彷彿とさせるようなシーンとなっている。古代ローマにとっては極悪人のスパルタクスだが、社会主義を提唱した経済学者のマルクスは、彼を「古代プロレタリアート（労働者階級）の真の代表者」と評したという。

Caesar

カエサル

フルネーム ガイウス・ユリウス・カエサル

時代 三頭政治期

生没年 前100年～前44年

地位 政治家、軍人、独裁官

別称 ジュリアス・シーザーなど

新しいローマの礎を築いた男

共和政末期に強力な統治者として独裁政治を実現し、帝政ローマへの道を敷いた。青年期にガリア遠征やブリタンニア遠征で軍事的成功を収め、独裁を敷いてからはユリウス暦の制定といった政治面での数え切れない偉業がある。皇帝を意味する、ドイツ語のカイザーやロシア語のツァーリの語源にもなった。私生活では大変な女好きだったという。

「賽は投げられた」

著述家として多数の名言を残したカエサル。これは、ガリア遠征からローマへ帰る際、両地を分けるルビコン川を渡り政敵の待ち構える母国へ赴く決意を表現した言葉。現代でも、もはや行動するしかない時に用いられる。

「来た、見た、勝った」

晩年に黒海沿岸のポントス王と戦ったゼラの戦いは4時間ほどで決着がつき、それを知らせる手紙に表現した、簡潔さが出色の名文句。

カリスマ資質の塊のような男

ローマの下町にうまれたカエサルは、特に裕福でもない貴族の出身。伯母ユリアが実力者と結婚したことで政界へのコネを獲得したが、青年時代はただの女たらしと見られていた。カエサルは背が高く体格も良かったうえに、おしゃれな服装と、よく回る弁舌などで大いにモテて、「ハゲの女たらし」と陰口を叩かれたという。

カエサルが政治家として勝負に出たのは40歳間近のこと。後援者であったクラッススらに多額の借金をして、賄賂工作で国家祭祀の最高位である大神祇官に当選したのだ。以降、40歳で三頭政治をはじめ元老院や民会を支配、42歳でガリア戦争へ赴く。ローマにとって未開の地であったガリアとブリタンニア（イギリス）に勢力圏を広げたことは、カエサルの名声を大いに高めた。

しかし、元老院からは政敵とみなされた。カエサルがルビコン川を渡ってローマへ帰還すると同時に内戦状態に。カエサル軍は元老院派のポンペイウス［→P116］をエジプトへ追い詰め、同地でポンペイウスはエジプト王プトレマイオス13世の刺客に殺害された。その後、カエサルはプトレマイオス13世の姉クレオパトラ7世［→P128］と親密な関係になりファラオに就任。ローマに凱旋すると、民衆は熱狂したという。

多くの物語で描かれた、古代屈指の英雄の姿

カエサルの最期はあまりにも有名だ。独裁官となり権力の絶頂にいたカエサルは、愛人セルウィリアの子で息子のように目をかけていたブルトゥス［→P124］らに23カ所も刺されて暗殺されたのだ。現在、カエサルを火葬した遺構がローマのフォロ・ロマーノ遺跡に残されている。

カエサルは著述家としても知られ、自身が記した『ガリア戦記』はラテン文学の傑作として、フランスの皇帝ナポレオンなど多くの偉人が愛読したほか、当時のガリア地方を精細に表す唯一の資料として評価が高い。

カエサルを描いた小説、映画は後を絶たない。アーサー王物語の原型としても知られる中世イギリスの歴史物語『ブリタニア列王史』では、「黄金の死」という名の剣を振るうカエサルが描かれた。

Brutus

ブルトゥス

フルネーム マルクス・ユニウス・ブルトゥス

時代 三頭政治期
生没年 前85年～前42年
地位 政治家、軍人
別称 ブルータス、ブルートゥスなど

カエサル暗殺の首謀者

紀元前85年、名門貴族の子としてうまれ、幼少期からカエサル［→P120］と親交があった。元老院議員となった時、専制を深めるカエサルと立場を異にするも、許されてカエサルの側近にまでのぼり詰める。しかし共和政の崩壊を危惧する元老院議員たちに同調し、カエサルを暗殺。のち第2回三頭政治軍に追い詰められ、自害した。

「ブルータス、お前もか」

シェイクスピアの戯曲『ジュリアス・シーザー』の中で、瀕死のカエサル（シーザー）がブルトゥス（ブルータス）に向かって叫んだ言葉。あまりローマ史に詳しくなくても、カエサルのこの発言からブルトゥスの名を知る人は多いだろう。発言の顛末が歴史家プルタルコスの著書『英雄伝』に記されており、シェイクスピアが採用したことで世間に広く定着した。実際にこの発言があったかどうかは、確証がなく不明。

誇り高き血族のうまれだが……実はカエサルの息子？

日本における明智光秀のように「裏切り者」のイメージがついてまわるブルトゥス。しかしシェイクスピアは戯曲『ジュリアス・シーザー』の中で彼を「最も高貴なローマ人」と述べ、その人となりを評価している。

ブルトゥスの父は護民官として活躍していたが、ブルトゥスが幼いうちに死去。ブルトゥスは、この時まだ一介の軍人だったカエサルに息子同然に可愛がられた。彼の母親はカエサル最愛の愛人だったためだ。カエサルの不義の子という疑惑もあるが、ともあれ、成長したブルトゥスは政治家の素養があり、若くして元老院議員の席を獲得した。

彼の一族は、かつて横暴だった王家を追放し、共和政ローマの礎を築いた初代執政官ルキウス・ユニウス・ブルトゥスの末裔である。そのためブルトゥスは共和政を守ることを信条としていた。彼にとって、元老院に名を連ねることはさぞ誇らしいものであったに違いないのだろう。しかしその頃にはカエサルらによる三頭政治がはじまっており、元老院は力を失っていた。

ブルトゥスの理想とは真逆の結果になったカエサル暗殺

元老院は三頭政治の一角だったポンペイウス［↓P116］を味方に引き入れ、専制を極めるカエサルに対決を挑んだ。元老院ブルトゥスはポンペイウス側につく。戦時においてカエサルは「ブルトゥスだけは殺すな」と厳命し、降伏したブルトゥスの無事な姿を見て大いに喜んだという。

元老院もまた粛清を免れるが、今度はカエサルの暗殺を企てる。その中に、ブルトゥスも加わっていた。元老院は彼の血筋を見込んで、彼を計画の首謀者に据える。かくしてブルトゥスは、共和主義者たる自分の運命を受け入れ、カエサルを手にかけたのだった。

しかし民衆は英雄殺しのブルトゥスたちを許さなかった。元老院軍は、民衆の声を背にしたアントニウスやオクタウィアヌス［↓P134］ら第2回三頭政治軍に攻め込まれ、ブルトゥスは自害。のち、オクタウィアヌスによる帝政がはじまった。ブルトゥスが守りたかった共和政は、カエサル暗殺を機に事実上崩壊したのである。

Kleopatra

クレオパトラ

フルネーム　クレオパトラ7世フィロパトル

時代　三頭政治期

生没年　前69年～前30年

地位　エジプト女王（ファラオ）

古代エジプト史の最後の女王

はじめはプトレマイオス13世とともにエジプト統治者となるも、謀略によって国外追放される。のちローマのカエサル［→P120］の助力を得て王座に返り咲き、カエサルの子をうんだ。カエサル死後はアントニウスと結ばれるが、彼がオクタウィアヌス［→P134］軍に敗れると、彼女もあとを追った。絶世の美女といわれ、世界三大美女のひとり。

ファラオ

古代エジプトの王の呼称。ファラオとはもともと「大いなる家」すなわち宮殿を意味する言葉で、のちに王の称号として使われるようになった。ファラオは神と交信する力をもち、神の言葉をもって統治する者とされたため、神聖な血筋を保つ意味で近親婚が積極的に行われた。

教養と行動力でエジプトを守ろうとした女王

クレオパトラといえば、世界三大美女のひとりで、その美貌で数々の男を誘惑した悪女というイメージをもつ人も多いだろう。実際の彼女は平均的なギリシャ系の顔立ちで、魅力は別にあったという。

歴史家プルタルコスの著述によれば、クレオパトラは数カ国語を話すマルチリンガルで、会話は機知に富み、教養ある女性だったという。さらに行動力もずば抜けていた。ポンペイウス［→P116］を追ってエジプトに侵入してきたカエサルに密会するため、カエサルへ贈り物といって、包まれた絨毯の中から現れるという演出をしてみせた。カエサルの後継者アントニウスにまみえる際は、彼を長時間待たせて焦らしたあげく、黄金の船で現れ、豪華な酒宴と得意の話術でもてなし、魅了した。

もちろん、これらは単に男好きだからではなく、国を背負う者としての政治的戦略である。クレオパトラは、自らの才知を理解したうえで、それを存分に発揮した女性だったのだ。

波瀾の人生を歩んだ女王の末路

カエサルとクレオパトラの間にはカエサリオンという息子がうまれたが、カエサルは元老院により暗殺され、アントニウスら第2回三頭政治側と元老院の戦いが勃発。この時クレオパトラは仇であるはずの元老院側を支持する決断を下す。息子を次の王とするため、カエサルの後継者となる者の芽は早々に摘みたいと考えたのだ。しかしこの試みは失敗に終わった。

やがてエジプトはローマに取り込まれ、クレオパトラはアントニウスの愛人となって男女の双子をもうけた。特にアントニウスのクレオパトラへの入れ込みようは甚だしく、ローマの属州の一部を彼女に与えたり、ローマにいる正妻を離縁したりして、ローマ市民の反感を買ってしまう。

元老院の総意を得て立ちあがったカエサルの養子オクタウィアヌスは、アントニウスとクレオパトラ軍をアクティウム海戦で撃破。クレオパトラは捕虜になることを拒み、毒蛇をしのばせたイチジクの籠を持ってこさせ、毒蛇に自らの体を委ねて自殺した。

ローマの政治の中心となったフォロ・ロマーノ（イタリア）

5章 ローマ帝国の英雄

Octavianus

オクタウィアヌス

フルネーム　ガイウス・ユリウス・カエサル・オクタウィアヌス・アウグストゥス

時代 ユリウス・クラウディウス朝
生没年 前63年～前14年
地位 皇帝
別称 アウグストゥス、トゥリヌスなど

平和をもたらした初代ローマ皇帝

カエサル［→P120］の姪の子で、のちに養子に。カエサルが暗殺されたあとアントニウスとレピドゥスと組み第2回三頭政治を開始。レピドゥスを失脚させアントニウスとクレオパトラ［→P128］軍をアクティウム海戦で討ち、長かったローマ内乱を終わらせる。「尊厳者《アウグストゥス》」の称号を戴き事実上の帝政を開始。平和なローマ帝国の礎を築いた。

アウグストゥス

元老院からオクタウィアヌスに送られた尊称で、「尊厳なる者」を意味する。これをもってオクタウィアヌスは皇帝アウグストゥスとして絶対的な権力をもつことになった。ちなみに8月を英語で「August」と言うが、これはアウグストゥスに由来している。

眉目秀麗なる初代皇帝の意外な素顔

オクタウィアヌス、のちの皇帝アウグストゥスは、幼少期から冷静沈着で頭脳明晰、しかも容姿端麗と、カリスマ指導者として非の打ちどころのない資質をもってうまれた。秩序を脅かす者に対しては身内でも厳しい態度を見せるが、一方で温厚で柔和な面もあり、公私でうまく使い分けていたという。

そんな彼の唯一の欠点ともいえるのが体調面だ。体は痣とシミだらけ、戦場でもたびたび病にかかり、お腹を温める腹巻きと薬が手放せなかった。母のアティアは、息子の体が心配なためカエサルがオクタウィアヌスを後継者指名した時も、固辞するよう頼み込んだという。

そんな彼も、ローマの男らしくやんちゃな面もあったようで、カエサル軍に合流しようとして海賊に捕まったり（カエサルも似たような経験をしている）、貞淑な妻ウィリアの影で浮気を繰り返していたりした。ちなみに彼の一人娘ユリアは輪をかけた男好きで、のちに姦通罪で父の手により断罪されている。

ローマに平和をもたらし、堂々と人生の幕を閉じる

体の不安を抱えながらも、オクタウィアヌスはアグリッパ［→P138］ら優秀な腹心に支えられ、カエサル暗殺、アントニウスとの決戦と荒波を乗り越え、ついにローマの頂点に立つ。しかし彼自身は王ではなく「プリンケプス（市民の第一人者）」を名乗り、共和政を保っていることを強調。カエサルと同じ轍を踏むまいとしたのだろう。とはいえこれはあくまで建前上で全権は彼にあり、彼の主導によりローマの街は、彼が言うところの「レンガづくりの街から大理石の街へ」とつくり替えられる。遠征も続け、嘆き悲しむほどの手痛い敗戦も経験するが、それでも民衆はもちろん元老院からも人気は高いままだった。

紀元前14年、パクス・ロマーナ（ローマの平和）の礎を築いたこの偉大なる初代皇帝は、旅行先の街で死去した。養生を旨としていたためか、享年75とかなりの長命であった。死に際し、アウグストゥスはこう言ったという。

「人生という喜劇の中で、私は皇帝の役を見事に演じきったと思わないか。この演劇がお気に召したのなら、どうか拍手喝采を」

Agrippa
アグリッパ

フルネーム　マルクス・ウィプサニウス・アグリッパ

時代 ユリウス・クラウディウス朝
生没年 前64年～前12年
地位 軍人、政治家

皇帝アウグストゥスの側近にして生涯の友

皇帝アウグストゥス［↓P134］の栄光は、アグリッパの存在なくしては語れない。ローマの属州出身で身分は高くなかったものの、カエサル［↓P120］に戦いぶりを気に入られ、オクタウィアヌスと引き合わされたことが彼の真の人生のはじまりだった。同い年だったふたりは意気投合。切磋琢磨し合いながら友情を育んだ。アグリッパの兄が敵の捕虜となってしまった時は、オクタウィアヌスはカエサルに強く助命嘆願したこともある。

アグリッパは、虚弱な体に熱い心を宿したオクタウィアヌスに、理想のリーダー像を重ねたのだろう。病弱で戦場に立つのも難儀する友に代わって、最高司令官として軍を指揮した。アグリッパの軍才は誰もが認めるところで、ことアクティウム海戦ではアントニウスを破る快挙を成し遂げた。それにも関わらず、本人は戦勝を祝う凱旋式を断っている。あくまで称えられるべきは主人のオクタウィアヌスだとして、自らは影に徹することを忘れなかった。

アウグストゥス帝となったオクタウィアヌスは、この忠実なる盟友に、大切な一人娘のユリアを嫁がせた。身分の低いアグリッパを出世させるためだったのだろう。アグリッパは彼女との間に無事5人の子をもうけた。息子たちは皇帝の後継者として育てられたが、残念なことに早世してしまった。

アグリッパとアウグストゥスはこうした絶対的な絆で結ばれていたが、時にはそれが揺らぐこともあったらしい。詳しい事情は不明だが、アウグストゥスの冷徹な態度に猜疑心を募らせたアグリッパは田舎に引きこもったという。アウグストゥスはそんな友の姿を見て「自制心が足らぬ男よ」と嘆いた。

軍人としてのイメージの強いアグリッパだが、実はパンテオン神殿やガール橋、そして自らの名を冠したアグリッパ浴場など、後世に残る建設事業も成し遂げており、これもアウグストゥスの治政の高評価につながっている。

Caligula

カリギュラ

フルネーム　ガイウス・ユリウス・カエサル・アウグストゥス・ゲルマニクス

時代 ユリウス・クラウディウス朝
生没年 12年〜41年
地位 皇帝
別称 カリグラなど

悪名はネロに匹敵！　殺戮と狂気に彩られた3代目皇帝

カリギュラの父は2代目皇帝ティベリウスの甥、母はアウグストゥス〔↓P134〕の孫娘という皇帝一族にうまれた。父のゲルマニクスは次期皇帝と目された将来有望の軍人だった。小さな鎧兜を身につけ、父の遠征についていった幼子は「カリギュラ（子どもの軍靴）」とあだ名で呼ばれ、愛された。

しかし父が突然病死すると、カリギュラ一家はティベリウスの不興を買って次々に粛清されてしまう。母や兄を失ったカリギュラを、ティベリウスはなんと次期皇帝に指名した。ティベリウスが暗殺されて皇帝となったカリギュラは、母と兄の遺骨を引き取って先祖の墓に葬り、安らかな眠りを願った。

即位して間もない頃のカリギュラは、ティベリウス治世で途絶えていた剣闘士の見世物興行を復活させる、市民や兵隊に先帝の遺産を分け与えるなど、太っ腹で情深い政策を次々に打ち出した。

しかし大病を患って以来、豹変。無実の者の処刑を繰り返し、側近まで崖から突き落とした。さらには戦車競馬で気に入った馬に大理石の宿舎を与えたり、巨大な豪華船を2艘建造し海に浮かべ、「船の橋」に見立て楽しんだりと、常軌を逸した行動が目立った。自分の豪遊で財政難が起こると、貴族にいわれのない罪を着せて処刑し、財産を没収した。

極めつけは己の神格化で、各地に己の神殿を建てて崇めさせたほか、神と会話するパフォーマンスを行ったという。

こうしてカリギュラは稀代の愚帝として、歴史に名を残すことになった。しかしこれらのカリギュラの暴君ぶりは、ほぼすべて後世の歴史家スエトニウスの『ローマ皇帝伝』によるものだ。スエトニウスは官僚という立場から、現皇帝を賛美するために、古代の皇帝を醜聞でおとしめている節がある。

41年、カリギュラは、自分を護衛するはずの親衛隊によって刺殺された。

Nero

ネロ

フルネーム
ネロ・クラウディウス・カエサル・アウグストゥス・ゲルマニクス

時代 ユリウス・クラウディウス朝
生没年 37年～68年
地位 皇帝
別称 暴君、ルキウス・ドミティウス・アエノバルブスなど

常軌を逸した指折りの暴君

帝政ローマの歴史に鮮やかにその悪名を残す第5代皇帝。近親者の殺害やキリスト教徒の迫害といった恐怖政治から、自身の歌を聴かせるコンサートの開催という奇行まで、わずか30年の生涯における異常行動は数知れない。長い歴史の中で誇張された可能性もあるが、個性的すぎた若輩皇帝だったことは否めず、暴君の代名詞となってしまった。

黄金宮殿（ドムス・アウレア）
ローマの街が大火に見舞われた時、ネロは焼け跡を利用して街の中心に自身の"夢の宮殿"を築いた。敷地内には船遊びができるほど大きい人工池があったという。ネロの自殺後に宮殿は埋められ、人工池の跡地に円形闘技場コロッセオが建てられた。建築物としては当時最先端のローマン・コンクリートを使用した歴史的価値ももつ。一部の遺構は現在も発掘と修復作業が進められている。

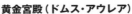

野心家の母を殺害してはじまるネロの悪行

ネロはカリギュラ帝［↓P140］の妹アグリッピナの子であった。母アグリッピナの半生は不遇だった。最初の結婚相手と死別すると、彼女はカリギュラ帝暗殺の嫌疑で流罪に。カリギュラの死後、叔父のクラウディウス帝に愛され、タブーを破り近親婚を果たす。この時ネロは皇帝の養子となった。ようやくネロに出世への展望が見えてきたことで母は哲学者セネカ［↓P148］を家庭教師にするなど、未来の皇帝のための策略を巡らせていく。皇帝の娘オクタウィアとネロを結婚させ、皇帝と先妻の子ブリタンニクスを孤立させたうえ、夫を毒キノコで殺害。のちにブリタンニクスはネロに殺されたといわれる。

16歳で帝位に就いたネロは美貌の人妻ポッパエアを愛人にする。ポッパエアと母アグリッピナが反目しだすと母が鬱陶しくなり、遊覧船の事故に見せかけて殺そうとした。泳ぎが得意な母は別荘へ逃げ帰るが刺客に殺される。

ネロを抑えきれなくなったセネカは引退。うるさい目付役がいなくなったネロは、オクタウィアに不義の冤罪を着せて処刑、ポッパエアと再婚した。

虚実入り交じるネロの〝粛清〟の数々

すべて思い通りになったことでネロの行動はエスカレートしていく。自身に反対する者や悪口を言う者を処刑し、ネロ暗殺に加担したとして恩師セネカも自殺に追い込んだ。ゲルマニア遠征で市民の人気が高かった名将コルブロは自害させられ、文筆家ペトロニウスは自害させられた時、ネロが欲しがっていた壺を木端微塵にした。再婚したポッパエアも例外ではいられなかった。65年、ネロが熱望した子どもを妊娠していた時、夫婦喧嘩で激昂したネロに腹を蹴られて死んだのだ。

ネロの暴政で最も名高いのが、キリスト教徒の迫害だ。64年にローマ市街で火災が起きた時のこと。ネロこそ放火犯ではと民衆が疑心暗鬼に陥り、「ネロは燃え盛る市街を見ながら詩歌を奏でていた」という噂まで流れた。そこでネロは身代わりとして新興宗教のキリスト教徒を次々と火あぶりにした。ネロが放火犯とされた一因は焼け跡に巨大な宮殿「ドムス・アウレア」を建てたため。このできごとはのちに映画などでネロの異常さを象徴するシーンとして描かれ定着していった。

なお、ネロの悪行は歴史家タキトゥスの記述によるものが多く、元老院派でネロに批判的だった作者が誇張しているのではと考える向きもある。ネロには女装、男色、近親相姦といったエピソードもあり、タキトゥスが当時ローマでタブーとされていたことを盛り込んだ可能性も否定できない。

大火以降、黄金宮殿の建設費がかさみ、裕福な貴族を処刑して財産を没収してはまた散財。ついに元老院や軍隊が反旗を翻し、追い詰められたネロは自ら首に剣を突き立てた。享年30。いまわの際に「この世から、なんと偉大な芸術家が消え去るのか」との言葉を残したと伝わる。

グロテスクか前衛的か？　やりたい放題のネロのアート

暴君ネロは公衆の面前では豪華な服装で大盤振る舞いを行ったため、退屈した市民からは人気があり、ブリタンニアのブーディカ［→P196］の反乱では寛大な戦後処理で同地の安定を促すなど善政も行っている。

とはいえ自分の道楽のために権力を利用したのも事実だ。詩作や歌、戦車

（チャリオット）引きなど、当時の娯楽・芸能を好んだネロは、周囲の冷めた視線をよそに自ら役者として舞台に立ったことも。また総合的な競技大会「ネロ祭」はオリンピア祭にならって5年に1度開催。ネロ自身も本家のオリンピア祭に出場し、出る競技すべてでお世辞的な1位をもらっていた。

2019年に新たに部屋が発掘されたドムス・アウレア。地下に眠った遺構は16世紀には「グロッタ（洞窟）」として知られており、そこにあった奇異なフレスコ画を見たルネサンスの画家ラファエロがその装飾をアレンジして復刻させた。これが異様な美術を指す「グロテスク」という言葉の語源だ。その装飾がネロの趣味だったのかどうかはわからないが、ルネサンスを1500年も先取りしていたと考えれば偉大な芸術家だったのかもしれない。

後世から見れば滅茶苦茶なネロの生き様は、映画や小説の題材になった。小説『クォ・ヴァディス―ネロの時代の物語』は1951年にハリウッドで歴史スペクタクル映画がつくられ人気を博した。日本でもネロを描いた小説や漫画が多数。近年では偉人が多く登場するゲーム『Ｆａｔｅ』の人気女性キャラとなり、史実同様ネロ祭が恒例イベントとして行われている。

Seneca

セネカ

フルネーム　ルキウス・アンナエウス・セネカ

時代 ユリウス・クラウディウス朝
生没年 前4年～65年
地位 哲学者、政治家、劇作家
別称 大セネカなど

高潔な哲学者か、欲に染まった俗物か

「ネロの5年間」と呼ばれたネロ帝［→P142］の善政を支えたのがセネカだ。スペインのゴルドバ地方出身で、ローマの学校でストア派哲学を学んだあと、元老院議員として政界入り。その後ネロの母アグリッピナの要請でネロの家庭教師となり、ネロ成人後も有能なアドバイザーとして活躍。ネロの暴走をきっかけに隠遁するもネロ暗殺の共謀罪に問われ、自殺に追い込まれた。手首を切っても死にきれず、自ら風呂で窒息死するという壮絶な最期だった。

セネカが学んだストア派の哲学とは、質素と徳を尊び、自然の摂理に従うことを幸福とする考え方で、禁欲主義を意味する「ストイック」の語源となって

いる。セネカも『生の短さについて』などの著作の中で、些末なことで人生を浪費しないこと、自省と理性をもって生きることの大切さを説いている。

さぞ禁欲的で堅実な人物だろうと思いきや、実はそうでもない。政治の表舞台に立っている間のセネカは、皇帝からの下賜金と高利貸しで得た莫大な財産でもって屋敷を飾り立て政治的権力を振るう一方で、戯曲や詩歌の執筆にもはげむなど、およそ禁欲とは真逆な生活をしていた。3代目皇帝カリギュラ【↓P140】の姪と不義密通した罪で8年間の追放処分となった経歴もあった。ちなみにセネカは著作の中で「富は賢者にとって望ましいものではあるが、なくてはならないものではない」などと、自己弁護とも捉えられる記述を残している。しかしセネカはネロから離れる際、これまでの財産を返還し、ストア派哲学者らしく慎ましい生活を送った。

清廉な哲学者として生きることを望みながら世の汚辱にまみれてしまったのか、はたまた善人の顔をして政治を影で操り、暴君の暗殺計画を弄した果てに散っていったのか。善悪両面を内包するセネカの人物像については、今なお議論が分かれるところである。

Paul
パウロ

時代 ユリウス・クラウディウス朝
生没年 不明〜65年
地位 聖人
別名 サウロ、異邦人の使徒など

迫害者から伝道者に転身したイエスの強力な代弁者

キリスト教の聖人と言えば、イエスの12人の弟子と使徒パウロを思い浮かべる人が多いだろう。この使徒パウロとは、1世紀頃にキリスト教の普及に尽力した人物だ。もとはユダヤ教徒で、生粋のキリスト教徒ではなかったために、「異邦人の使徒」と呼ばれることもある。なお、ヘブライ名はサウロという。

サウロはローマうまれのユダヤ人で、幼い頃から厳格なファリサイ派のユダヤ教徒として育てられた。そのため、「イエスは救世主《メシア》の名を騙る冒涜者だ」と非難し、キリスト教の教会を襲って信者たちを牢獄へ送った。そんな熱狂的なユダヤ信者のサウロに、誰もが予想していなかった奇跡が起こった。

ある日、シリアのダマスコに向かうサウロの前に、イエスが姿を現したのだ。ナザレの丘で十字刑に処され、すでに亡くなっているはずのイエスから、「サウロ、サウロ、なぜ私を迫害するのか」と問いかけられたことで、イエスこそが真の救世主だったと悟り、サウロはユダヤ教からキリスト教へ改宗した。

その後、サウロはパウロと名前を変えて、異邦人にキリスト教を布教する伝道者となった。これは、パウロがギリシャ語を話せたことと、ローマ市民権をもっていたことが大きい。キリスト教徒を迫害していた過去のせいでパウロの活動は何度もつまずいたが、決して諦めることはなく、シリアのアンティオキアを拠点に、西方にある小アジアやマケドニアなどを巡って、精力的な布教活動に努めた。また、各関係教会へ書いた手紙をまとめた「パウロ書簡」は、のちに『新約聖書』になるなど、キリスト教の発展に大きく貢献した。

『新約聖書』の一書「使徒言行録」によると、やがてパウロは、ローマでも布教をしようとするのだが、ローマ軍に捕えられて数年間の投獄生活を送ったあとに、65年に起こった、ネロ帝［→P142］による大規模なキリスト教徒迫害に巻き込まれて殉教したとされている。

Plinius

プリニウス

フルネーム　ガイウス・プリニウス・セクンドゥス

時代 ウェスパシアヌス朝
生没年 23年～79年
地位 博物学者、軍人、政治家
別称 大プリニウス など

あらゆる事象と情報を書き留めた『博物誌』を著す

神の山が火を噴きあげ、怒り狂う様を、ひとりの男が興味深く眺めていた。男の名はプリニウス。ローマの属州総督であり、この世の森羅万象を編纂した全37巻の大作『博物誌』を著した巨匠である。一刻も早くヴェスヴィオ火山から離れようと皆が逃げ惑う中で、プリニウスは山の麓、ポンペイへ向かった。『博物誌』は、プリニウス自身が各地を旅して見聞きしたことをはじめ、読書で得た知識と、調べ集めた160冊の膨大なメモをもとに、独自の見解でまとめた百科事典だ。地理や天文、動植物、鉱物、薬学、産業、文化、美術、果てはユニコーンなど空想の生物に至るまで、あらゆるものが丹念に整理されている。「ヘビによる噛み傷は、殺したばかりのヤギの皮で治せる」「タツノオトシゴの灰とブタの脂を交ぜた薬で、失った毛髪が再生する」など、信憑性に乏しい記述は多数あるが、中には「雷は雲の中の蒸気がこすれた静電気によるもの」といった科学的な見方も示している。プリニウスという人物について詳しく記された同時代の資料はほとんどないものの、『博物誌』の内容や甥の小プリニウスの著述から、彼の万物に対する凄まじい好奇心が伝わってくる。

そんなプリニウスにとって、火山の噴火ほど知的好奇心をそそられるものはなかっただろう。『博物誌』には火山に関する記録はなく、めったにお目にかかれるものではない。プリニウスは隊を引き連れ、火山の観察がてら、逃げ遅れた者を救助しにナポリ湾を出航した。しかしポンペイに上陸した瞬間、猛毒の火山ガスに襲われ、落命した。

プリニウスの『博物誌』は古代ローマを知る貴重な資料として、後世の知識人に広く愛読された。プリニウスを扱った現代の作品では、ヤマザキマリととり・みきの合作漫画『プリニウス』があり、何かと蘊蓄《うんちく》を語りたがる、マイペースでユーモアにあふれた人物として描かれている。

Trajanus

トラヤヌス

フルネーム　マルクス・ウルピウス・ネルウァ・トラヤヌス・アウグストゥス

時代　ネルウァ＝アントニヌス朝
生没年　53年〜117年
地位　皇帝
別称　カエサル・マルクス・ウルピウス・ネルウァ・トラヤヌスなど

帝国の最大版図を築いた気さくな軍人皇帝

イギリスの歴史家エドワード・ギボンが『ローマ帝国衰亡史』で「人類史上最も幸福な時代」と評した五賢帝時代。文字通り、5人の知恵ある皇帝が治めた時代で、トラヤヌスはその2番手に当たる。財政再建に手腕を発揮した初代五賢帝ネルウァの養子に迎えられ、その後継者となった。

10代にして軍人となったトラヤヌスは、ネルウァ逝去の際も軍司令官としてゲルマニア（現在のドイツなどヨーロッパ北部）の戦場にいた。養父の訃報を聞いてもすぐには帰還せず、ライン川やドナウ川周辺の紛争頻発地帯を守る軍隊の忠誠を獲得しながら戻った点は、いかにも軍人らしい。ローマ帰還は皇帝即位から約1年半後で、トラヤヌスはこの時、馬から降りて元老院議員たちと抱擁を交わし、その親しみやすく打ち解けた姿に市民は熱狂したという。

トラヤヌスの政策は、まさに「攻撃は最大の防御なり」といえる領土拡大戦略が主軸だった。大規模な遠征となった2度のダキア戦争では、現在のルーマニアを本拠地とするダキア王デケバルスを相手に、トラヤヌス自ら軍団を率いて進軍。最終的にデケバルスを自害に追い込んで勝利した。この戦いの様子は、トラヤヌス帝戦勝記念碑が今に伝える。さらには西アジアのパルティア（現在のイラン）までも支配下に収め、ローマ帝国の最大版図を築いた。

しかし、トラヤヌスはただ戦争に明け暮れたわけではない。遠征時には道路網を築いたり橋を建造したりしてインフラを整備し、戦勝で得た利益は公共事業や福祉事業に活用した。ネルウァが構想した子どものための養育基金「アリメンタ」がトラヤヌスの時代に実現したのも、戦勝の恩恵によるものである。

トラヤヌスが西アジアへと領地を広げた理由は、憧れのアレクサンドロス3世［→P66］にならったためとも伝わる。バビロニア滞在時にはアレクサンドロス3世が没した宮殿に生贄を捧げようとする、ミーハーな面も持っていた。

Hadrianus

ハドリアヌス

フルネーム　プブリウス・アエリウス・トラヤヌス・ハドリアヌス

時代　ネルウァ＝アントニヌス朝
生没年　76年～138年
地位　皇帝
別称　グリーキュラス、旅する皇帝など

多彩な顔を持つ泰平の皇帝

五賢帝の3番目に数えられるローマ皇帝。先代のトラヤヌス［↓P154］が広げすぎた東方の領土をあえて手離し、目が届く範囲の政治を行い国内に安定をもたらす。属領の視察に力を入れ、11年もの月日をかけたことから「旅する皇帝」と呼ばれた。一方で「ギリシャかぶれ」と呼ばれるほどギリシャ文化に傾倒したほか、美少年を愛する一面も。

ハドリアヌスの長城

ハドリアヌスがブリタニア（現在のイギリス）に築いた防御壁。全長約117km、厚さ2mを超える石壁で、ハドリアヌスの国境守備政策を象徴する。一部が現存し、ユネスコの世界遺産に登録されている。

顎鬚

ハドリアヌスは生来の傷跡を隠すために顎鬚を生やしていたという。これがとても似合っていたため、後世の皇帝も真似をして髭を生やすようになったとか。

あえて東方を切り捨てて国の平穏を守る

ローマの最盛期とされる五賢帝時代の3番目の皇帝、ハドリアヌス。先代皇帝トラヤヌスの従兄弟に当たる父アフェルが、ハドリアヌス10歳の時に亡くなったため、トラヤヌスの保護を受けて若い時期から元老院議員を務めた。

ハドリアヌスは文学や芸術を好む聡明な人物だったが、トラヤヌスが没するまで養子縁組は明言されなかった。これは、質実剛健なトラヤヌスが武功のある者を後継者に立てようと考えていたからともいわれる。しかしハドリアヌスを気に入っていたトラヤヌスの皇后プロティナが、死の床にある夫からハドリアヌスを養子にするという遺言を受けたと主張したため、ハドリアヌスはトラヤヌスの後継者となったのである。密室での皇位継承に疑念を抱く元老院議員が現れると、ハドリアヌスは容赦なく処刑して皇帝の権威を示した。

帝位についたハドリアヌスは、トラヤヌスが最後の遠征で手にした東方の領地を惜しげもなく放棄した。この決断には周囲から強い反発があったが、自らも東方遠征に加わったハドリアヌスには、領地を広げすぎていることがわかっていたのである。このため、攻めから守りの戦略に転換したのだ。その分、手元に残した領地の視察には11年間もの歳月をかけて「旅する皇帝」と呼ばれ、ハドリアヌスの長城を築くなど国境防備に注力して国内に安寧をもたらした。

趣味が高じて周囲を困らせることも…

優れた為政者だったハドリアヌスだが、周囲を困惑させるような行動に出ることもしばしばあった。特にギリシャ文化への憧れが強く、「ギリシャかぶれ（グリーキュラス）」と揶揄されるほどで、生涯に3度もギリシャのアテネに〝聖地巡礼〟している。また、美少年を好み、ひときわ美しいアンティノーという少年を寵愛した。アンティノーが不慮の事故で亡くなると、その彫像を大量につくらせてアンティノポリスという街まで建造してしまう。

旅をしていない時には自らも設計に加わって個性的な建造物を次々とつくり、ローマの街を彩った。自らの別荘や劇場のほか、入浴をとても好んだハドリアヌスは浴場も建設しており、古代ローマと現代日本の入浴文化を描いた漫画『テルマエ・ロマエ』にも重要人物として登場する。

Marcus Aurelius

マルクス・アウレリウス

フルネーム　マルクス・アウレリウス・アントニヌス

時代　ネルウァ＝アントニヌス朝
生没年　121年～180年
地位　皇帝
別称　哲人皇帝など

哲学三昧の夢を果たせず戦争に明け暮れた生涯

最後の五賢帝マルクス・アウレリウスは、先々代皇帝ハドリアヌス［↓P156］の指名で先代皇帝アントニヌス・ピウスの養子となり、皇帝となる将来を約束された。アントニヌスの治世は「歴史がない」といわれるほど平和な時代だったが、マルクスの治世になると北方のゲルマン人や東方のパルティア人など異民族の進出が活発になり、戦わざるを得ない状況に追い込まれていく。

マルクスは幼少期から哲学に興味をもち、ギリシャの哲学者の真似をして粗末なマントをまとい、地面で眠るような子どもだった。ギリシャ哲学の中でも禁欲的な教義を掲げるストア派を好み、ローマの代表的なストア派哲学者にも名をあげられることから、「哲人《てつじん》皇帝」の異名をもつ。

アントニヌスの養子となった際、9歳年下のルキウス・ウェルスも同時に迎えられて義兄弟となり、ふたりで共同統治を行うローマ初の共治帝となった。ルキウスは天真爛漫で女性関係も華やかと、マルクスとは正反対の性格ながら、兄弟仲は良好だったという。また、マルクスが義弟に同等の権力を許した理由は、自らが哲学の研究をする時間を確保するためだったともいわれる。

しかし共同統治開始からわずか8年後、ルキウスは北方遠征中に脳溢血で急死し、マルクスの孤独な戦いがはじまった。ある時、遠征中のマルクスが戦死したという誤報が流れ、東方の鎮圧を任せていた将軍カッシウスが帝位に就くと宣言した。マルクスは急いで東方に身を翻して健在を証明した。この結果、カッシウスは部下に暗殺され、マルクスは反乱の再発を防ぐために実子コンモドゥス［→P162］が後継者であると正式に布告する。

マルクスの治世には洪水、飢饉、疫病などの災難も続き、心の休まる時がなかった。そんな中で書き残した『自省録』は、まさに哲学者といえる自身との対話が綴られており、本来求めていた隠者のような生き様が垣間見られる。

Commodus
コンモドゥス

フルネーム
ルキウス・アウレリウス・コンモドゥス・アントニヌス

時代　ネルウァ＝アントニヌス朝
生没年　161年～192年
地位　皇帝
別称　ルキウス・アエリウス・アウレリウス・コンモドゥスなど

混迷を招いた自称ヘラクレスの化身

五賢帝が築いた平和の時代に終止符を打った皇帝。しかしもともと暗君だったわけではなく、自己中心的な家臣に振り回された結果といえる。権力闘争の最中で暗殺されかけたことをきっかけに、過度の粛清を行う暴君と化した。さらには剣闘士となって「ヘラクレスの化身」を自称するなど常軌を逸した行動を取るようになり、ついに暗殺される。

ルキッラ

コンモドゥスの姉で、先帝マルクス・アウレリウス［→P160］の義弟ルキウス・ウェルスの未亡人。コンモドゥスから皇后より格下の扱いを受けたことに不満をもち、弟の暗殺を計画した。暗殺は失敗に終わる。

左利き

彫像の添え書きから、コンモドゥスは左利きだと判明している。左利きの剣闘士は、大多数である右利きの防御の隙を突けるため、有利だったという。

平和の終焉を招いた皇帝は暴君だったのか？

最後の五賢帝マルクス・アウレリウスの実子で、後継者となったコンモドゥス。結果的には五賢帝による平和の時代を終わらせた皇帝であり、苛烈な粛清を行ったうえに剣闘士の真似事までしたことから享楽的で妄想癖のある暴君といわれがちだが、意外にも民衆の支持率は高かった。

なぜなら、ゲルマニアとの戦いを講和で決着したり、ダキアの進出を阻んだりして異民族の脅威を遠ざけたからだ。これは民衆にとって、戦争続きだった先帝マルクスの治世より好ましかったのである。また、公共事業は元老院議員などの富裕層から徴収した税金で行ったことも民衆の好感を得た。逆に元老院からは嫌われたため、悪評の記録が後世に残ったともいえるだろう。

コンモドゥスの失策は、側近たちに政治を丸投げしてしまったところにある。このため政治は大いに乱れ、ついにはコンモドゥスの姉ルキッラが皇帝暗殺を企てた。この計画は未遂に終わったが、以降、コンモドゥスは人間不信に陥り、病的ともいえるような暴政を敷くのである。

剣闘士を気取った狂気の晩年

コンモドゥスは暗殺の実行犯を処刑しただけでは飽き足らず、少しでも疑わしいと感じた臣下は重臣であっても次々と処刑した。そして周囲をイエスマンばかりで固めると、趣味の剣術に興じる堕落した毎日を送るようになる。

ただし、コンモドゥスが強靭な肉体をもつ優れた戦士だったことは確かなようだ。この武芸を披露するため、ついに「ヘラクレスの化身」を自称して剣闘士を気取り、闘技場デビューを果たしたのである。戦闘ではヘラクレスが神話の中で用いた棍棒を振るったほか、得意の弓矢で走るダチョウの頭を射抜くこともあったという。この気が触れたかのような振る舞いのため、巷では「コンモドゥスの本当の父は先帝ではなく剣闘士だ」という噂までささやかれた。

コンモドゥスの最期は突如として訪れた。愛妾マルキアや侍従エクレクトゥスらの共謀によって、31歳にして今度こそ暗殺されたのだ。

この狂気的ともいえる個性的な生き様は、ホアキン・フェニックスが演じた映画『グラディエーター』などのエンタメ作品でたびたび取りあげられている。

Caracalla

カラカラ

フルネーム　マルクス・アウレリウス・セウェルス・アントニヌス・アウグストゥス

時代　セウェルス朝
生没年　188年〜217年
地位　皇帝
別称　ルキウス・セプティミウス・パッシアヌスなど

血みどろの相続で帝位についた「万人の敵」

五賢帝が築いたパクス・ロマーナの終焉後、5人の皇帝が乱立する「五皇帝の年」の内乱を制して新たな王朝を開いた皇帝がセウェルスである。そして、その後継者がカラカラだ。この一風変わった名前は、ガリア（現在のフランスなどヨーロッパ西部）風のフードつき外套《がいとう》を指す。いつもカラカラを好んで着ていたことに由来するニックネームなのだ。

もともとカラカラはセウェルスの指名で弟ゲタと共治帝になるはずだった。しかしふたりは幼少期から仲が悪く、セウェルスが没すると溝はさらに深まる。このため、国が分裂しかねないと心配したふたりの母ユリア・ドムナが和解の席を設けたが、なんとカラカラはこの席で複数の部下にゲタを襲撃させて殺してしまった。同席していた母を目の前にしての凶行だった。さらに、ゲタの友人や側近なども次々粛清し、その数は約1万人にものぼったと伝わる。

こうして唯一の皇帝となったカラカラは、「アントニヌス勅令」を発布して全属州を同格に扱い、全属州民にローマ市民権を与えた。目的は税収を増やし、軍備強化や兵士の給与アップで軍隊の信頼を得ることにある。また、ローマ最大の公衆浴場といわれるカラカラ浴場を築いて民衆の支持も得た。

『ローマ帝国衰亡史』において、カラカラは「万民の敵」と酷評されているが、本拠地を東方属州に移したあとは、確かにそういわれてもしかたない暴君ぶりを発揮した。エジプトのアレクサンドリアでは、罪状もはっきりさせないまま何千とも何万ともいわれる民衆を虐殺している。

軍事費が肥大化するにつれてカラカラに不満をもつ臣下も増え、最期は近衛兵マルティアリスに暗殺される。用を足していたところを狙われたらしい。一説によるとこの暗殺の黒幕は、粗雑に扱うことが多かった近衛軍司令官マクリヌスという。次の帝位には、このマクリヌスが就いたのだった。

Heliogabalus

ヘリオガバルス

フルネーム　マルクス・アウレリウス・アントニヌス・アウグストゥス

時代　セウェルス朝
生没年　203年～222年
地位　皇帝
別称　エラガバルスなど

倒錯の性に耽溺した元祖デカダン

ヘリオガバルスはカラカラ〔→P166〕の外戚となる家系の出身だったため、カラカラが暗殺されてマクリヌスが帝位に就くと、家族ともどもローマを追放されて故郷のシリアへ戻った。少年期はこの地で太陽神の祭司を務めている。ヘリオガバルスとは、この太陽神の名にあやかったものだ。

ところがヘリオガバルスの母ユリア・ソアエミアスが、ヘリオガバルスはカラカラの落胤だと主張し、ヘリオガバルスを旗頭に蜂起。マクリヌスとその嫡男に勝利したため、ヘリオガバルスは14歳にして皇帝の座に就くこととなる。

ヘリオガバルスは妖艶ともいえる美貌の持ち主と伝わるが、さらには化粧をしたり甘い声を出したりと女性的に振る舞うことを好んだ。皇帝としてローマに入った時には煌びやかな女装をしていたため、民衆が驚いたという。

皇帝の財産と権力を手にすると、倒錯した性の欲望を次々と解放する。巨根に犯されたいという願望が強く、城内に売春宿を模した特別室をしつらえて娼婦に扮し、男性に酷い抱き方をされるプレイを楽しんだ。また、奴隷出身のヒエロクレスという男性と〝結婚〟して、喜んで〝妻〟になった。果てには性転換手術ができる医者を必死に探し求めたともいわれる。女性として扱われることを好んだ点から、心と体の性が一致しないトランスジェンダーだったのではないかとも考えられている。

倒錯した情事に耽る皇帝に側近や近衛兵たちは辟易し、皇帝の従兄弟アレクサンデルを擁立して反乱軍を起こした。そしてヘリオガバルスはわずか18歳で惨殺され、遺体はローマ市中を引き回されたうえでテヴェレ川に捨てられた。

退廃に生きたヘリオガバルスは、歴史家エドワード・ギボンから「ローマ史上最悪の皇帝」とまでいわれたが、19世紀に主にフランスで隆盛した耽美主義のデカダン派に大きな影響を与え、文学の発展に貢献する。

Aurelianus

アウレリアヌス

フルネーム　ルキウス・ドミティウス・アウレリアヌス

時代　軍人皇帝時代
生没年　214年～275年
地位　皇帝
別称　世界の修復者など

分裂したローマを再びつなげた世界の修復者

セウェルス朝末期は皇帝と軍隊の結びつきが強まった。このため、最後の皇帝アレクサンデルが軍縮政策を取ると不満を抱いた反乱軍が蜂起し、セウェルス朝は滅ぼされる。このの ちはじまったのが、軍事力で政権を支配する軍人皇帝時代である。約50年の間に26人もの皇帝が乱立する混迷の時代だった。

その中にあって「世界の修復者」と呼ばれた実力者がアウレリアヌスだ。出自には諸説あり詳細は不明だが、一介の兵士からスタートして皇帝クラウディウスに重用され、軍司令官にまでのぼり詰めたまさに叩きあげの軍人である。

クラウディウスが病死すると、クラウディウスの弟クィンティルスを破って帝位に就いた。『ローマ帝国衰亡史』ではこの経緯について、クラウディウスが遺言でアウレリアヌスを後継者に指名したが、クィンティルスが対抗して皇帝を称したため、アウレリアヌスはこれを破って晴れて皇帝になったと伝える。

当時のローマは、ゲルマニア方面から南下したアレマン人やヴァンダル人など北方の異民族にを脅かされ、ローマ帝国から分裂した東方のパルミラ王国と西方のガリア帝国に領土を狙われる苦境にあった。そこでアウレリウスはまず北方異民族を撃退し、防御壁のアウレリアヌス城壁を築いて防備を固める。そして美しき女王ゼノビア［↓P198］が率いるパルミラ王国と、ローマに抗戦を続けるテトリクス1世父子のガリア帝国を破り、3つのローマを再統合した。「世界の修復者」と呼ばれたのはこの時のことである。なお、ゼノビアとテトリクス父子は捕虜となったが、処刑されることなくローマ帝国で高貴な人物として扱われ、不自由のない余生を送ったという。

英雄と呼ぶにふさわしい功績をあげたアウレリアヌスは、軍人らしく厳格な性格で、政権内の不正や怠慢を許さなかった。このため、最期は贅沢を咎められることを恐れた書記官が放った刺客に襲撃され、命を落としてしまう。

ディオクレティアヌス

Diocletianus

フルネーム　ガイウス・アウレリウス・ウァレリウス・ディオクレティアヌス

時代　テトラルキア時代
生没年　244年～311年
地位　東ローマ正帝
別称　ディオクレス、ユピテルの子など

四分治制を導入し威厳ある皇帝を復活させる

果てしない闘争が続く軍人皇帝時代を収束させた皇帝ディオクレティアヌス。先帝には共治帝のカリヌスとヌメリアヌス兄弟がいたが、ヌメリアヌスが不審死を遂げるとディオクレティアヌスが軍から皇帝に擁立され、対抗したカリヌスも暗殺されたため帝位に就いた。ヌメリアヌスの死に関してはディオクレティアヌスが暗殺を指示したともいわれるが、確かなことは不明である。

ディオクレティアヌスは、広大なローマ帝国全土を皇帝の独力で治めるのは無理があると考え、自らが東部を、さらに共治帝に指名した戦友マクシミアヌスが西部を統治すると決めて戦乱を鎮めた。そして内政に着手する余裕

ができると、ふたりの正帝とそれを補佐するふたりの副帝で政治を分担する「四帝分治制《テトラルキア》」を正式に発足した。ディオクレティアヌスとしては、皇帝がひとり暗殺されても維持可能な政権をつくる思惑もあったようだ。

また、政治を安定させるには皇帝に権力を集中させる専制君主制が必要と考え、ローマ神話の主神ユピテルの子を自称して自らを神格化し、崇拝の対象とした。この結果、皇帝はかつての威厳を取り戻したが、一神教のキリスト教徒からは拒絶されたため、ディオクレティアヌスは厳しいキリスト教弾圧を行った。多くの教会が破壊され、殉教した教徒は数千人を超えたともいわれる。

このように政治に対しては思慮深く厳粛なディオクレティアヌスだったが、実は建築オタクで、家族の邸宅や闘技場をやたらとつくって帝国の資産を浪費する一面もあった。61歳の時にローマ皇帝では珍しく隠居を宣言し、アドリア海に面するダルマティアに移り住んだが、ここにも絢爛豪華な宮殿を築いており、この「ディオクレティアヌス宮殿」は世界遺産に登録されている。

退位後に後継者問題が起こり復帰を求められるが「菜園のキャベツの世話のほうが大切」とだけ返し、二度と政界には戻らず天寿をまっとうした。

Georgios

ゲオルギウス

時代 テトラルキア時代
生没年 ?〜303年
地位 聖人、殉教者
別称 聖大致命者凱旋者ゲオルギイ、サン・ジョルディなど

皇帝にも屈しなかった殉教者

ディオクレティアヌス［→P172］治世下のキリスト教徒。キリスト教の弾圧を進めた皇帝から棄教を命じられたが決して従わず、処刑によって殉教。その際、数々の拷問にかけられたが神の加護により無傷だったという。毒を吐くドラゴンを退治して生贄の王女を救ったという伝説をもつ。現在もカトリック教会などで聖人として崇敬されている。

『黄金伝説』
イタリアの司教ヤコブス・デ・ウォラギネが記したキリスト教の聖人列伝。イエス・キリストをはじめとする100名以上の聖人の聖なる行いが語られる。ゲオルギウスは第56章に登場する。

ドラゴン
日本でもおなじみの幻獣。聖書では悪魔の化身として扱われるため、ゲオルギウス以外にもマタイやダニエルなどの聖人がドラゴン退治に臨んでいる。

己の信仰を貫いて高潔な最期を遂げる

混迷の軍人皇帝時代に幕を引き、政治に安定をもたらしたディオクレティアヌスは、聡明な皇帝といえるだろう。しかし、皇帝の権力強化のためにキリスト教を迫害し、多くのキリスト教徒を殉教に追い込んだことも事実である。ゲオルギウスもまた、この大弾圧で天に召された聖人のひとりだった。

ゲオルギウスの生涯は、詳しいことはわかっていないが、パレスチナのキリスト教を信仰する貴族の家にうまれたという。父がローマ帝国に仕える軍人だったことから、ゲオルギウスも軍人になったらしい。しかし、反キリスト教のディオクレティアヌスに目をつけられ、キリスト教徒である限りは生かしておけないとゲオルギウスに棄教を迫ったが、ゲオルギウスは断固拒否。このため、死刑に処されて殉教したと伝わる。

この時、ゲオルギウスは身を釘で引き裂かれたり、刃のついた車輪に轢かれたり、煮えたぎる鉛で茹でられたりと凄惨極まる拷問を受けたが、神の加護で苦痛を免れたという。そして最終的に、斬首による処刑で息絶えたのである。

ドラゴンを倒して王女を救った聖者

迫害に立ち向かったゲオルギウスは聖なる殉教者として崇敬を集め、悪魔の化身ドラゴンに立ち向かう勇敢な聖人と考えられるようになった。キリスト教の聖人列伝『黄金伝説』では、次のような伝説が語られる。

ゲオルギウスは旅の途中、毒を吐くドラゴンが棲みついた王国にたどり着き、ドラゴンへの生贄としてこの国の王女が捧げられることを知った。そこで、王国がキリスト教に改宗することと引き換えにドラゴンを退治し、王女を救出したのである。この物語でのゲオルギウスは多くの絵画に取りあげられており、ラファエロやモローなどが白馬にまたがった勇ましい彼の姿を描いている。

スペインのカタルーニャ地方ではゲオルギウスの命日とされる4月23日をサン・ジョルディ（カタルーニャ語で聖ゲオルギウス）の日と呼び、作家のシェイクスピアやセルバンテスの命日でもあることから、本を贈り合う日とされている。イギリスやロシアではもともと人気の高い聖人だが、近年ではゲーム『Fate/GrandOrder』に登場したことから日本でも知名度があがっている。

Constantinus I

コンスタンティヌス1世

フルネーム ガイウス・フラウィウス・ウァレリウス・コンスタンティヌス

時代 コンスタンティヌス朝
生没年 274年?~337年
地位 皇帝
別称 コンスタンティヌス大帝など

キリスト教化を推進し聖都を築く

父コンスタンティウスの跡を継いで西ローマ正帝の座に就く。さらに対立する皇帝たちを破って東西ローマを統一、単独皇帝となった。ローマ皇帝ではじめてキリスト教を公認したといわれ、イエスの加護を受けて戦いに勝ったという伝説をもつ。東方のビザンティオンをコンスタンティノープルと改称し、ローマの首都として発展させた。

コンスタンティノープル
コンスタンティヌス1世が自分の名を冠して新たに築いた都。現在のイスタンブールで、当時のもとの地名はビザンティオン。ヨーロッパとアジアを結ぶ要地で、経済・貿易の要として機能した。

ミラノ勅令
単独皇帝となる以前に東ローマ正帝リキニウスとともに発布した勅令。全ローマ市民の信教の自由を保証し、キリスト教を公認した内容といえる。

東西ローマを統合して唯一の皇帝へ

コンスタンティヌス1世の父コンスタンティウスは、西ローマ正帝マクシミアヌスの副帝だった。東ローマ正帝ディオクレティアヌス［→P172］が引退すると、マクシミアヌスも引退、コンスタンティウスが繰りあげで西ローマ正帝を継いだ。そして父の死後、コンスタンティヌス1世はその跡を継いだ。しかしその先には、安泰ではなく激しい権力闘争が待っていた。

ディオクレティアヌスの死後、いまだ帝位に未練があったマクシミアヌスとその息子マクセンティウスが再起。コンスタンティヌス1世はこれを破る。さらに、協力関係にあった東ローマ正帝リキニウスとの関係が悪化するとこれも破り、ついに東西ローマを統一して単独の皇帝となったのだ。父の跡を継いでから約20年もの月日が経っていた。

当時、内乱続きだったローマは貨幣価値が低下してインフレが続いており、コンスタンティヌス1世は高純度のソリドゥス金貨を流通させて経済を健全化した。これが〝金貨のために戦う者〟すなわち「ソルジャー」の語源である。

イエスの加護を得てキリスト教に入信

コンスタンティヌス1世は、歴代ローマ皇帝ではじめてキリスト教を認め、自身も信仰した人物だ。キリスト教に寛容だった理由は、増加を続けるキリスト教徒を弾圧して強い反発を受けることは賢明ではないという政治的判断と考えられるが、イエス・キリストの加護を得たためとする伝説もある。それは、マクセンティウスを破るためミルウィウス橋の戦いに臨んだ時のことだ。

戦いの前日、コンスタンティヌス1世は配下の兵士たちとともに空で輝く十字架と「汝、これにて勝て」という文字を見た。そこで兵士たちの盾に十字架を刻ませて戦った結果、勝利する。このため、コンスタンティヌス1世はイエスの加護で勝てたと感謝してキリスト教を信じるようになったという。

晩年には東方のビザンティオンに遷都し、自身の名を冠してコンスタンティノープルと改名した。死の間際に洗礼を受けたコンスタンティヌス1世はこの地に葬られる。「第2のローマ」と呼ばれたコンスタンティノープルはキリスト教の聖地として栄えたが、これが東西ローマ分裂の契機ともなるのだった。

Theodosius

テオドシウス

フルネーム　フラウィウス・テオドシウス

時代　テオドシウス朝
生没年　347年〜395年
地位　東ローマ正帝、皇帝
別称　テオドシウス1世など

師の司教には頭があがらなかった最後の単独皇帝

ローマ帝国滅亡の遠因は、アジア系民族ともいわれる遊牧民フン族の脅威と、これを恐れたゲルマン人が、定住していたライン川やドナウ川周辺からローマ内部にまで進出してきた、ゲルマン民族の大移動だといわれる。

ゲルマン民族の移住開始当初、ローマ軍司令官だったテオドシウスは、ゲルマン人を排除するのではなく仲間に迎えて軍隊を強化。東ローマ正帝となったあとにはローマ国内にゲルマン人国家の建設を許可し、協力体制を築いた。さらに、テオドシウスを皇帝に推した西ローマ皇帝グラティアヌスが暗殺されると、その首謀者マクシムスを討ち、東西ローマを支配する単独皇帝となった。

異民族には寛大な人格者として接したテオドシウスだが、元来は激しやすい性格だったらしい。熱心なキリスト教徒で、ほかの宗教の信仰は禁止。神殿などを破壊し、キリスト教こそが国教だと態度で示した。また、ギリシャのテッサロニキに派遣した腹心の軍司令官ブテリックが地元の民衆といさかいを起こして殺害されると、激怒してテッサロニキ市民の虐殺を命じた。一説では、この虐殺による被害者は6千人にものぼったという。

その一方で、信仰の導師である司教アンブロシウスにはめっぽう弱かった。『ローマ帝国衰亡記』によれば、テッサロニキの大虐殺を嘆いたアンブロシウスから破門を突きつけられて焦ったテオドシウスは、大聖堂に駆けつけた。するとアンブロシウスがこれを押し留めて改悛（非を悔い改めること）を求めたため、テオドシウスは素直に従って公的改悛を行ったのである。

ローマを統一して大帝と呼ばれたテオドシウスだが、異民族の進出が激しくなると単独皇帝での支配は難しいと考えるようになった。そこで、ふたりの息子を呼び寄せ、兄のアルカディウスに東ローマ、弟のホノリウスに西ローマを任せて世を去る。こののち、東西ローマが統一されることは二度となかった。

東西117kmにわたって築かれたハドリアヌスの長城（イギリス）

6章

異民族とローマの終焉

Darius III

ダレイオス3世

国・勢力 アケメネス朝ペルシャ
生没年 前380年頃～前330年
地位 国王
別称 諸王の王

アレクサンドロスに敗れたアケメネス朝最後の王

エジプトからアジアにまたがるアケメネス朝ペルシャ帝国は、各地をサトラップ（総督）が分割統治し、その頂点に「諸王の王」と称する国王が君臨していた。ダレイオス3世は推定43歳で「諸王の王」の座に就いた。

ダレイオス3世は、アケメネス朝を世界帝国にした名君ダレイオス1世に連なる貴族の傍系の出自で、順調に出世しアルメニア総督になった。転機が訪れた43歳の時、宦官バゴアスが先代の王2人を殺害し、ダレイオス3世を王座に就かせた。ところが王はこの宦官に毒を盛りその野望を断つ。これで心置きなく政治課題に取り組めると思った矢先、マケドニアのアレクサンドロス3世

［↓P66］がアナトリア半島（現在のトルコ）へ侵攻したとの知らせが入る。

不安に駆られたダレイオス3世は10万人以上の大軍を引き連れ、アレクサンドロス3世の背後に回った（兵数は諸説あり）。しかし、マケドニア軍は猛烈な勢いでペルシャ軍を蹴散らし、ついにはダレイオス3世の親衛部隊のもとまでたどり着き、王は敗走せざるを得なかった（イッソスの戦い）。2年後、ガウガメラで再戦に臨むが、またしてもマケドニア軍の勢いに押されダレイオス3世は逃げるほかなく、主を失った大軍は瞬く間に崩壊。マケドニア軍はその後も進軍を続け、首都ペルセポリスを陥落させた。ダレイオス3世は逃亡中に味方の裏切りに遭い刺殺された。ダレイオス3世の遺体を見つけたアレクサンドロス3世は、これを丁重に葬り、彼の無念を果たさんと、彼の仇を討ち破った。こうしてアケメネス朝は滅亡したのであった。

玉座に就いた時も戦争の時も、突如降りかかった災難に対処せざるを得なかったダレイオス3世は、本領を発揮するチャンスに恵まれなかったともいえる。人気ゲーム『Ｆａｔｅ』シリーズに登場するダレイオス3世は、万全の態勢での再戦を待ち望むキャラクターとなって登場している。

Hannibal

ハンニバル

フルネーム ハンニバル・バルカ

国・勢力 カルタゴ

生没年 前247年～前183年

地位 将軍

ローマが最も恐れた稀代の軍略家

第二次ポエニ戦争で都市国家カルタゴを率いた将軍。名前は「嵐の神バアルの恵み」を、愛称バルカは「雷光」を意味する。ローマを壊滅寸前まで攻めたことから後世に〃ローマ最大の敵〃として伝説化。戦後は政治家として国を立て直したが、敵対派閥に国を追われ亡命先で自殺した。現代でも軍事研究の題材に使われるほどの軍略家として知られる。

カルタゴ

現在のチュニジア共和国周辺にフェニキア人が入植して建設した都市国家。地中海交易の中心としてローマを凌ぐ経済力があったが、3度のポエニ戦争で敗れ、ローマの属州になった。

象

当時の戦では戦象が使われ、鳴き声で敵を脅かし、敵陣を踏み荒らしたという。ハンニバルは戦象を引き連れてアルプス越えに挑むが、象の大半が致命傷を負い、山脈を越えきれなかった。

人呼んで「ローマ史上最大の敵」の偉業と皮肉

ハンニバルは第一次ポエニ戦争に敗れたカルタゴの指揮官ハミルカル将軍の息子であった。父は息子を「ローマを滅ぼすライオン」と呼んで育て、その悲願の通り、ハンニバルはカルタゴの指揮官となり打倒ローマへ動き出す。

紀元前219年、ローマの同盟都市サグントゥムを攻撃。ここに第二次ポエニ戦争が勃発する。ハンニバルはローマの本拠地たるイタリア半島へ攻め込もうと考えたが、海上はローマに押さえられていた。残された唯一の道であるアルプス山脈越えに果敢に挑み成功させるが、この行軍により5万人ほどいたカルタゴ軍は半数の兵士を失い、残された約2万5千人と数頭の戦象で10万を超えるローマの大軍と向き合う羽目になった。そんな逆境をハンニバルの天才ぶりが跳ね返す。トラシメヌス湖の戦いでは罠を張り縦隊を側面から攻撃。カンナエの戦いでは味方につけたヌミディア人などの屈強な騎兵を両翼にしてローマ軍を半円の形状で囲い込む「包囲殲滅」作戦でほぼ全滅させた。

ハンニバルはカルタゴの連勝で同盟都市が離反しローマが孤立するのを待っ

ていたが、思うようにならなかった。やがてローマ側に若き天才スキピオ［→P100］が現れ、前203年ザマの戦いでハンニバルはスキピオと対決。スキピオは若き日にカンナエでハンニバルの包囲作戦から命からがら逃げ延びたといわれ、今度はその作戦を自ら実践した。ハンニバルは皮肉にも自らを倒すライオンを育ててしまっていたのだ。

晩年は食えない人物を自ら演出した老獪

戦争後、亡命先でスキピオと話す機会があったハンニバルは、「もしもスキピオに勝っていれば、アレクサンドロス［→P66］を抜いて自分が史上最強だった」と言い放ったという。実際の彼は大言壮語とは逆だ。数多の困難を耐えしのぎ、長年の不衛生な遠征生活で片目を失明しさえした。最期はローマ軍に捕らえられる寸前に服毒自殺した。

名将の代名詞ともいえるハンニバルはアメリカではドラマ『特攻野郎Aチーム』のリーダーの名前に用いられた。日本の漫画『ドリフターズ』では、スキピオに戦術をパクられたのを恨む老人で、時折り鋭い戦術眼を披露している。

Vercingétorix
ウェルキンゲトリクス

国・勢力 ガリア人
生没年 前72年～前46年
地位 族長、反乱軍指導者

自由を求めたガリア人最初の英雄

カエサル［→P120］のガリア征服に反抗し、未統一だった諸部族を結束させたガリア人のリーダー。名前は戦争王を意味する称号で、実名は伝わっていない。カエサルの『ガリア戦記』にカエサル相手に一進一退の攻防戦を繰り広げた様子が描かれ、後世に名を残した。ガリアの地が現在のフランスであり、現在も同国の英雄として扱われている。

ガリア人

古代ヨーロッパに広く居住したケルト人の一派で、ローマでは北部イタリア～フランス南部の属州をガリアと呼んだ。それ以外のフランス北部のガリア人は文化面でローマ化されておらず、「長髪のガリア族」と呼ばれた。彼ら長髪のガリア族もカエサルのガリア戦争により支配下に置かれローマ化していった。のちに、ガリアの地で西ゴート王国やフランク王国が勃興していく。

ガリア人の自由と誇りに命を賭けた若者

ウェルキンゲトリクスはアルウェルニ族の若者で、背は高くハンサムだったという。彼はまた雄弁であった。反ローマを掲げた当初、手練のカエサル率いるローマ軍に敗北続きだった時に、「同調しない諸部族を私の努力で結束させよう。ガリアが協調すれば、全世界がかかってきても太刀打ちできない」と熱く演説したのだ。心動かされた諸部族は一大蜂起へ突き進んだ。

ガリア人たちは裏切りを防ぐため互いに人質を差し出した。裏切り者は拷問、眼をえぐるといった厳罰に処し、ローマ軍が食料や宿舎を現地調達できないよう自らの街も焼いた。アルウェルニ族の首都は現在のフランス中央部にあったとされるゲルゴウィア。ローマ軍はこの街を包囲するが、味方だったハエドゥイ族がガリアに寝返り、やむなく敗走する。

しかしゲルマン人騎兵を雇って戦力を増強すると、一転してガリア軍に猛攻をかける。劣勢になったガリア軍は丘の上の要塞都市アレシアに逃げ込んだ。カエサルは周囲に防衛線を敷くが、ガリアの援軍が襲来し取り囲まれそうになる。そこで今度は援軍の外周約21㎞に及ぶ柵を、わずか3週間でつくらせた。ガリア軍は退路を絶たれて心身ともに消耗し、3カ月後の紀元前52年秋、「この戦いは己の利益のためではなく、全ガリア共通の自由のためであった」と言い残し、ウェルキンゲトリクスはカエサルの前で武器を捨て投降した。敗戦後はカエサルの凱旋式に引きずり出されたあとに処刑された。敗残兵も容赦はされず、多くは捕虜になり奴隷として売られた。

フランス人の反骨精神にピタリとはまった英雄像

敗北はしたが、はじめてローマに盾突いた記憶は人々の中に残った。19世紀庶民の間で、当時ゲルマン系であった貴族への対抗意識としてガリア人のウェルキンゲトリクスをフランス人の祖とみなすようになった。『ガリア戦記』に夢中になったナポレオン3世はアレシアの地を特定しようと発掘調査を行い、現在のフランス東部にあるアリーズ・サント・レーヌを跡地とした。

主人公の少年にウェルキンゲトリクスが反映されているというフランスの漫画『アステリックス』は映画化されるほど国民的人気を博している。

Boudica
ブーディカ

国・勢力 ケルト人イケニ族
生没年 ?～60または61年
地位 女王、女戦士、反乱軍の主導者

ブリトン人の誇りを今に伝える女王戦士

帝政ローマ時代、現在のイギリスはケルト系ブリトン人の住処だった。ブリタンニアと呼ばれていた同地でノーフォーク地域などを治めていたイケニ族の女王ブーディカは、60年頃ローマ帝国の支配に対し蜂起した。

ブリタンニアがローマに征服されたのは43年、皇帝クラウディウスの治世のこと。協力的な部族には自治が許され、イケニ族も自治権をもっていたが、ブーディカの夫でイケニ族の王プラスタグスが死去しブーディカが王位を継ぐと、領土を巡ってローマと対立。ローマはイケニ族の領土を一方的に帝国直属領に編入し、途端に彼らを奴隷同然に扱った。ブーディカは鞭打たれ、二人

の娘は強姦された。非道に怒ったブーディカは同輩に反乱を呼びかけたという。同調した他部族も含め大規模な反乱軍が結成された。

ローマ人歴史家の記述によると、ブーディカは背が高く、手にはスピア（槍）を携えていた。赤毛の髪は腰まで伸び目つきは鋭く、皇后の身分にふさわしい知性も感じられたという。自ら2頭立てのチャリオット（戦車）を操り二人の娘を乗せ、果敢に反乱軍を指揮。ロンディニウム（現在のロンドン）などローマ勢力圏の街を次々に破壊したが、豊富な装備を持つローマ軍がやがて優勢になり、最後の戦いで追い詰められて自害したとされる。その頃にはネロ帝［↓P142］が穏健政策に転換し、5世紀頃まで安定支配が敷かれたとされる。

ブーディカは16世紀にローマ人歴史家の文書が発見されるまでイギリスでもその存在が知られていなかった。しかし、戦う女王のイメージはエリザベス1世やビクトリア女王にも重ねられ、今や英国人にとって「勝利の女王」の象徴だ。ビッグベンの向かい側にはチャリオットに乗るブーディカの像が建てられ国会議事堂を見守っている。日本ではゲーム『Ｆａｔｅ』シリーズに同名キャラクターが登場し、イギリスが誇る女王にして戦士の魅力を伝えている。

Zenobia

ゼノビア

フルネーム　セプティミア・ゼノビア

国・勢力　パルミラ王国

生没年　240年〜274年？

地位　女王

別称　ユリア・アウレリア・ゼノビアなど

失われた砂漠の国の女王

紀元前から栄えたシリア砂漠の通商都市パルミラを国家へと押しあげた女王。クレオパトラ［→P128］にも劣らぬ美貌と勇気を讃えられ、統治者としてもエジプトなどに勢力を広げる辣腕を発揮。しかしパルミラを国として認めないローマと対立し敗れた。シリアのダマスカスから約200㎞の場所にあった遺跡はISに破壊され失われている。

パルミラ王国

砂漠の中のオアシスとして発展した都市国家。歴史は古く、聖書やアッシリアの記録では「タドマル」と呼ばれていた。ハドリアヌス帝［→P156］の時代に自由都市に昇格し、261年、新興国ササン朝ペルシャのシャープール1世が侵攻すると、実力者オダエナトゥスが抵抗して追い返し、ローマから東方総督の称号を与えられた。その妻ゼノビアの治世に国家としてローマからの独立を画策した。

2020

クレオパトラにも劣らない？　独立心の強い美貌の女王

ゼノビアは砂漠の豪族の娘だったといわれる。裕福な家庭で外国語や古典の教育を受け、クレオパトラ7世の存在を知ると自分こそ子孫だと思うほど傾倒したという。ゼノビアはその麗しさで知られた。浅黒い肌に真珠のように白い歯、大きな黒い目に澄んだ声の持ち主。同時にアクティブでもあり、乗馬や狩猟がうまく、夫の遠征に従軍し戦いを指揮したという。『ローマ帝国衰亡史』を記したギボンは「美においてはクレオパトラに劣らず、貞節と勇気においては遥かにしのいだ」と賞賛を惜しまない。

267年、パルミラの統治者となった夫オダエナトゥスが突如暗殺され、都市が混乱。するとゼノビアはまだ幼い息子ウァバッラトゥスを後継者に擁立して混乱を収める。実質的に女王となった彼女はさらなる野心をたぎらせる。

二度の悲劇に見舞われたパルミラの遺産

ゼノビアはエジプトに7万の大軍を送り込み大都市アレキサンドリアを占領。

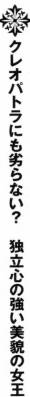

さらにトルコのアンカラやパレスチナなどローマの属州を次々と攻略し、パルミラはユーフラテス川からエジプトを配下にする大国へと急伸した。アレキサンドリアではウァバッラトゥスの顔と「カエサル〔→P120〕」の称号がデザインされた独自の貨幣が鋳造された。

エジプトはローマの穀倉地帯。ローマはこの事態を見過ごさなかった。時の皇帝アウレリアヌス〔→P170〕は反撃に転じ、慣れない砂漠に苦戦しながらもパルミラを攻め落とした。女にあしらわれていると嘲笑された皇帝は「ゼノビアの性格と威信とを知らぬ者の言葉だ」と女王の手強さを表現した。

ゼノビアのその後は、逃走中に死去したとも、捕虜となり黄金の鎖でつながれ市中を引き回され、ローマで余生を過ごしたとも諸説が伝わる。パルミラの街はローマに破壊・略奪され、ゼノビアは最初で最後の女王となった。

パルミラ遺跡はＩＳに破壊されるまで壮麗で幻想的な遺跡として知られていた。巨大な柱が並ぶ大列柱道路はかつて隊商の広場と呼ばれ、東西から持ち込まれる食物や織物で溢れていたと想像される。破壊の悲劇はシリアの人々の心を引き裂いたが、その後、修復も試みられている。

Attila

アッティラ

国・勢力 フン族
生没年 406年頃〜453年
地位 王
別称 神の鞭、神の祟りなど

凶暴、非情な蛮族の首領

5世紀頃、東西ローマ帝国を武力で脅し、金銀財宝を巻きあげた「蛮族」ことフン族の王。ハンガリーの平原に拠点を置いてカスピ海からドイツのライン川に至る異民族を配下にし、一大蛮族連合ともいえる勢力圏を築いた。その凶暴さは西洋世界にトラウマ級の記憶を植えつけ、神が人類に遣わした罰という意味で「神の鞭」と畏怖された。

複合弓

フン族の強力な武器。コンポジット・ボウともいわれる複合弓は小型で馬に乗りながら獲物を射ることが可能。フン族は、当時西洋になかった馬の鐙の上に乗って正確に敵を撃ち、機動力と攻撃力の高さを誇った。

西洋人を震えあがらせた〝強請りビジネス〟

騎馬民族のフン族の出自は定かではないが「背が低く鼻はぺしゃんこで顔の色が浅黒い」という描写からアジア系と思われ、古代中国で暴れ回った遊牧騎馬民族・匈奴の末裔との説もある。

アッティラはフン族の王として表舞台に現れ、9年間単独支配を行った。当時の東西ローマ帝国は諸民族の攻撃に苦しんでいた。苦境につけ入るように、アッティラはまず東ローマ帝国に侵攻。残虐行為をやめる代わりに莫大な貢納金を要求する。この強請《ゆす》りに東ローマが屈すると、今度は西ローマ帝国を狙う。口実をつくったのは西ローマ皇帝の娘ホノリアだ。望まぬ結婚をさせられそうな境遇をアッティラに訴え、封書には指輪を同封した。アッティラはこれを求婚と受け取り、ホノリアの解放と彼女の持参金として帝国の領土半分を要求した。当然、西ローマは拒絶。ならばと、西ローマの領地を蹂躙。結局アッティラは敗れるが、西ローマ側は西ゴート（現在のフランス）の王が戦死するなど損失が大きく、滅亡へと転がり落ちていくことになる。

アッティラは敗戦を気にも留めず今度は北イタリアへ侵攻。街を次々と焼き、住民は奴隷商人に売った。本拠地ハンガリーに引き返したアッティラはイルディコという美しい少女と婚姻の宴をあげるが、その夜謎の失血死を遂げた(これには暗殺説が根強い)。血で血を洗う生涯にふさわしい最期である。

自らに伝説をまとわせる、暴力だけではない賢さ

アッティラは財宝を奪っても身に着けはせず、文明人を気取るローマ人と自身の違いをアピールするため質素な衣服で通したという。

また「軍神の剣」の伝説もよく知られている。牛飼いが発見した剣を捧げられたアッティラが「これは軍神の剣で、自分は全世界の君主に指名された」と述べた逸話だ。アッティラの威光はドイツや北欧の古い物語に及び、ドイツの英雄物語『ニーベルンゲンの歌』では思慮深き王エッツェルがアッティラに該当するとされる。

時代は下って19世紀、ハンガリー独立運動が起こるとハンガリーの人々はアッティラを建国者とみなし、民族的な威信をフン族に求めた。

Gunther
グンテル

国・勢力 ブルグント王国
生没年 ?～436年頃
地位 王
別称 グンダハール、グンナーなど

グンテルの名とともに残るブルグント族滅亡の記憶

アッティラ［→P202］率いるフン族はフランク族やブルグント族を傘下にしてヨーロッパで跋扈し、他民族を滅ぼしたり追いやったりした。ブルグント族はスカンジナビア半島をルーツとして南下してきたとの説があるゲルマン系民族。5世紀はじめ、彼らの王グンテルがライン川を渡りローマ属州に侵入、現在のドイツとフランスの国境に近い街ヴォルムスに王国を樹立した。西ローマ帝国のホノリウス帝はブルグント王国を認めたが、グンテル側は現在のベルギーなど、ローマ属州にさらに侵攻。するとフン族の傭兵を雇った西ローマの将軍アエティウスが討伐に乗り出し437年に王国は滅ぼされた。

ブルグント族の滅亡はヨーロッパのさまざまな伝承で語り継がれた。9世紀に遡る北欧神話のひとつ『アトリの歌』では、アトリ（アッティラ）に財宝をわたすよう脅されたグンナル王（グンテル）がそれを拒絶して蛇牢で殺される。グンナルの妹グードルーンはアトリに嫁いでいたが、兄の復讐を決意しアトリを刺し殺す。アッティラは史実でも花嫁による暗殺説があり、史実と物語が相互に影響し合ったことが感じられる興味深い展開だ。

12世紀にはブルグント族滅亡の故事と、竜殺しの戦士ジークフリード伝説が組み合わさった物語『ニーベルンゲンの歌』が誕生した。こちらではグンテルはアイスランドの女王ブリュンヒルドへの求婚にあたりジークフリードの力を借りるが、女王はグンテルが初夜の相手ではなかったと知る。悲しむ女王を癒すため、臣下ハゲネはグンテルを説得しジークフリードを殺害。するとその妻クリームヒルトが、グンテルに復讐すべくエッツェル（アッティラ）と再婚し、彼の力を借りてブルグント族を滅ぼし、兄を亡き者とするのだった。

ワーグナーのオペラ『ニーベルングの指環』はドイツの伝承を題材としたもの。グンテルはこうしてゲルマン系の古典作品に名を残すことになった。

Gaiseric
ガイセリック

国・勢力 ヴァンダル王国
生没年 389年頃～477年
地位 国王、族長

地中海におけるローマの覇権を完全に葬った海賊王国

東ゲルマン系のヴァンダル人ガイセリックはヴァンダル人の王ゴディギゼルの子としてうまれた。落馬により足が不自由だったが、悪辣な手段をいくらでもうみ出せる頭脳こそが彼の武器であった。

428年、王になったガイセリックは、西ゴート人の圧迫から逃れるため海を渡った。8万人とも伝わる民族一同を船に乗せ、イベリア半島から北アフリカへ。ローマ属州カルタゴを占領するとヴァンダル王国を樹立し、440年には小麦の生産地シチリア島も押さえた。さらにかつて争った西ゴートの対策として、フン族のアッティラ［→P202］と同盟。アッティラに後方からローマを突かせ、西ゴートの注意をヴァンダル王国から背けようとした。結果、作戦は成功、西ゴート王は戦死した。

455年には歴史に残る「ローマ略奪」があった。教皇レオ1世はヴァンダル族に無抵抗の市民に危害を加えないと約束させたが無視。ヴァンダル族による略奪行為は14日間にも及んだ。これらのエピソードからヴァンダル族は後世に破壊行為を意味する「バンダリズム」の語源になった。

ガイセリック最後の大一番は、468年、東西ローマのヴァンダル族討伐軍との戦い。ローマ軍の大艦隊を火船攻撃で炎上壊滅させた。ローマ軍が援軍を待っているという情報をおそらく掴んでいたガイセリックが「和平交渉のための5日間の休戦を」と騙してローマ軍らを油断させたのだった。

西ローマ帝国から皇帝がいなくなった翌年の477年、87歳で生涯を閉じた。地中海の覇権をローマから奪ったものの所詮海賊の集まりだった同国は、ガイセリックの死後、瓦解した。ドキュメンタリードラマ『バーバリアンズ・ライジング』では映画『バットマンビギンズ』ほかの悪役で知られるリチャード・ブレイクが〝杖をついて歩く古ダヌキ〟ガイセリックを怪演している。

Odoacer
オドアケル

国・勢力 イタリア王国
生没年 433年～493年
地位 イタリア王、パトリキウス、軍人

東西ローマ統治体制に引導をわたしたゲルマン人

西ローマ帝国軍の指揮官であったゲルマン人傭兵隊長オドアケルは、476年に西ローマの新皇帝を今後は擁立しないと東ローマに伝えた。ここに西ローマ帝国は形式的には滅亡したとされてきた。

オドアケルの出自は確定的ではないが、ゲルマン系小部族スキル人の出身との説がある。イタリアに着いてからは西ローマ帝国軍で戦歴を積み、皇帝の親衛隊にも加わった。西ローマ皇帝ロムルス・アウグストゥスが即位すると、土地を巡って皇帝とゲルマン人傭兵は対立。オドアケルは皇帝に反旗を翻し、廃位に追い込んだ。最後の西ローマ皇帝は皮肉にも、初代ローマ王ロムルス[↓

P84］と、初代ローマ皇帝アウグストゥス［→P134］、両者の名前を継いでいた。
オドアケルは東ローマ皇帝ゼノンに西ローマ皇帝位を返還。自らは「皇帝の代理人《パトリキウス》」の称号を貰いイタリアを統一。西ローマの政治や制度はそのまま残し、アッティラ［→P202］ら蛮族の侵攻で荒れ果てた国土の立て直しを図った。文化や制度が残ったことでローマ人から反発もなく、オドアケルの治世は順調に見えた。

ところが493年、東帝ゼノンは東ゴート族のテオドリックにオドアケルを討伐させた。理由は宗派の違いや、テオドリックへの領土提供など諸々あったようだが、オドアケルにとってはとばっちりもいいところである。このテオドリックは〝食えない男〟だった。和解を装って祝宴を開き、その席で家族や重臣もろともオドアケルを惨殺したという。その後、テオドリックもオドアケル同様のローマ温存政治を行い、イタリアの復興をさらに進めた。

オドアケルの西帝廃止をもって「滅亡」とすることに近年の学説は否定的だ。オドアケル自身も西ローマを滅ぼしたつもりはなかっただろう。少なくとも、オドアケルの決断でローマの皇帝はただひとりに戻ったのである。

ギリシャ・ローマ神話　神名対応表

古代ローマ人は、自らが信仰するローマ神話の神々と、古代ギリシャで信じられたギリシャ神話の神々を同一のものとしていた。ここでは同一視される神々の名前と、さらにそれらが英訳された後の名前の一例を紹介する。

ギリシャ神話名	ローマ神話名	英語名
ゼウス	ユピテル	ジュピター
ヘラ	ユノ	ジュノー
ハデス	プルトー	プルート
ポセイドン	ネプトゥヌス	ネプチューン
デメテル	ケレス	セリーズ
ヘスティア	ウェスタ	ヴェスタ
アレス	マルス	マーズ
アテナ	ミネルウァ	ミネルヴァ
アポロン	アポロ	アポロ
アルテミス	ディアナ	ダイアナ
アプロディテ	ウェヌス	ヴィーナス
ヘルメス	メルクリウス	マーキュリー
ヘパイストス	ウゥルカヌス	ヴァルカン

ガイア	テラ	
ウラノス	ウラヌス	ウラヌス
クロノス	サトゥルヌス	サターン
オケアノス	オケアヌス	オーシャン
エロス	クピド	キューピッド
ヘリオス	ソル	ソル
エオス	アウロラ	オーロラ
セレネ	ルナ	ルナ
ニケ	ウィクトリア	ナイキ
ムーサ	ムーサ	ミューズ
アスクレピオス	アエスクラピウス	エスキュレイピアス
ディオニュソス	バックス	バッカス
ペルセポネ	プロセルピナ	プラサーパイン
パン	ファウヌス	パーン
ヘラクレス	ヘルクレス	ハーキュリーズ
イアソン	イアソン	ジェイソン
オイディプス	オエディプス	エディプス
アキレウス〔→P34〕	アキレス	アキリーズ
オデュッセウス〔→P44〕	ウリクセス	ユリシーズ

イスラム過激派組織ISに破壊される前のパルミラ遺跡（シリア）

主要参考文献

『図説 ラルース世界史人物百科』(1) 樺山紘一監修／原書房

『ビジュアル 世界史1000人』(上巻) 宮崎正勝監修／世界文化社

『ローマ帝国人物列伝』 本村凌二著／祥伝社

『ゼロからわかるローマ帝国』 本村凌二監修／学研

『図解 古代ギリシア』 ジョン・キャンプ、エリザベス・フィッシャー著、吉岡晶子訳／東京書籍

『図解 ローマ帝国興亡史』 エドワード・ギボン著、吉村忠典訳／東京書籍

『ラルース世界の神々 神話百科』 フェルナン・コント著、蔵持不三也訳／原書房

『図解 ギリシア神話』 松村一男監修／西東社

『図説 ギリシア・ローマ神話人物記』 マルコム・ディ著、山崎正浩訳／創元社

『ビジュアル選書 ギリシア神話』 新人物往来社編／新人物往来社

『ペンテジレーア』 クライスト著、吹田順助訳／岩波文庫

『ギリシア人の物語 民主政のはじまり』 塩野七生著／新潮社

『世界帝王辞典』 小和田泰経著／新紀元社

『アレクサンドロス大王伝』 クルティウス・ルフス著、谷栄一郎、上村健二訳／京都大学学術出版会

『テミストクレス 古代ギリシア天才政治家の発想と行動』 仲手川良雄著／中央公論新社

『ナイル世界のヘレニズム エジプトとギリシアの遭遇』 周藤芳幸著／名古屋大学出版会

『カエサル戦記集 ガリア戦記』 高橋宏幸訳／岩波書店

『アッティラ大王とフン族〈神の鞭〉と呼ばれた男』
カタリン・エッシェー、ヤロスラフ・レベディンスキー著、新保良明訳／講談社

『図説 蛮族の歴史 世界史を変えた侵略者たち』 トマス・クローウェル著、蔵持不三也監訳／原書房

『ケルトを知るための65章』 木村正俊編／明石書店

『1日1ページ、読むだけで身につく世界の教養365【人物編】』
デイヴィッド・S・キダー、ノア・D・オッペンハイム 著、小林朋則訳／文響社

『世界史をつくった最強の三〇〇人』 小前亮著／星海社

◎本書は2020年5月に小社より単行本として刊行されたものに加筆・修正し文庫化したものです。

文庫ぎんが堂

ゼロからわかる
英雄伝説
古代ギリシャ・ローマ編

2020年10月20日　第1刷発行

著者　かみゆ歴史編集部

ブックデザイン　タカハシデザイン室
本文イラスト　麻緒乃助、添田一平、竹村ケイ、中山将平、
ハヤケン・サレナ、吹田時人、藤科遥市、まっつん！
本文執筆　飯山恵美、稲泉知、岩崎紘子、小林史織、さなださな、高宮サキ、
野中直美
本文DTP　松井和彌
編集発行人　北畠夏影
発行所　株式会社イースト・プレス
〒101-0051 東京都千代田区神田神保町2-4-7 久月神田ビル
TEL 03-5213-4700　FAX 03-5213-4701
https://www.eastpress.co.jp/
印刷所　中央精版印刷株式会社

ISBN978-4-7816-7197-0

文庫ぎんが堂

ゼロからわかる中国神話・伝説

かみゆ歴史編集部

妖怪変化から一騎当千のつわものまで!!

人間をつくった「伏犠と女媧」、理想の君主とされた「三皇五帝」などの神話から、「関羽」や「岳飛」など神格化された歴史上の人物、さらには『西遊記』、『封神演義』『水滸伝』『木蘭』など物語に登場するヒーロー、妖怪など、中国で長く親しまれてきたキャラクターたちを一挙紹介!!

定価:本体700円+税